大夏书系·教育常识

心平气和
做教育

储朝晖 著

华东师范大学出版社

图书在版编目（CIP）数据

心平气和做教育／储朝晖著．—上海：华东师范大学出版社，2017
ISBN 978-7-5675-6552-4

Ⅰ.①心... Ⅱ.①储... Ⅲ.①教育研究—文集 Ⅳ.①G40-03

中国版本图书馆 CIP 数据核字（2017）第 213263 号

大夏书系·教育常识

心平气和做教育

著　　者　储朝晖
责任编辑　卢风保
封面设计　小　米

出版发行　华东师范大学出版社
社　　址　上海市中山北路 3663 号　邮编　200062
网　　址　www.ecnupress.com.cn
电　　话　021-60821666　行政传真　021-62572105
客服电话　021-62865537
邮购电话　021-62869887　地址　上海市中山北路 3663 号华东师范大学校内先锋路口
网　　店　http://hdsdcbs.tmall.com

印　刷　者　北京密兴印刷有限公司
开　　本　700×1000　16 开
插　　页　1
印　　张　15.5
字　　数　237 千字
版　　次　2017 年 10 月第一版
印　　次　2017 年 10 月第一次
印　　数　6 100
书　　号　ISBN 978-7-5675-6552-4/G·10412
定　　价　45.00 元

出 版 人　王　焰

（如发现本版图书有印订质量问题，请寄回本社市场部调换或电话 021-62865537 联系）

目录

序　面对教育的不完美 / 1

第一辑　我们需要怎样的教育信仰

> 公民教育当然需要系统地把真正有价值的、符合人类文明基本准则的政治学、伦理学知识传授给学生，也需要将建立公民社会的启蒙知识传授给学生；但又不是将学生关在校园里，而是应该让学生更多地去接触社会、了解社会，多开展一些社会公益活动，并将参与公益活动的态度、效果作为对学生的考核内容之一。

选择最适合自己的教育 / 3

四通八达的教育之路需要阳光铺就 / 5

高中教育须从"修塔"向"建广厦"转型 / 8

需重视国际班热背后的信心缺失 / 10

拆除"围栏"，搭建终身学习立交桥 / 12

讨伐封杀不如找出病因解决问题 / 14

薄弱学校只有发现自己才能走出薄弱 / 16

义务教育经费"钱随人走"彰显以人为本 / 18

春风来了，尚待细雨 / 20

教育的产业属性不是"狼" / 22

愿 EMBA 能"豪华落尽见真淳"/ 25

公民意识教育始于行 / 27

第二辑　何以体现教育的应有价值

> 实现人民幸福的教育本身是多样性而非单一性的,因为不同个体是有各不相同的个性与潜能的,社会对人才的需要也是多样的。我们必须把教育办到各尽所能,各学所需,各教所知,各扬其长,各得其所,这样才能实现每个个体的幸福。既要秉承教育为公理念,又不妨碍因材施教,这样才能实现幸福教育,为民造福。

教育应让人民感到幸福 / 35

校训是成人之砥 / 38

教育是人类最尖端的活动和学问 / 40

南通一日三冠军引发的教育思考 / 45

"志""业"并举方能实现职教价值 / 47

让幼儿教育回归公益性 / 49

面对"第二"考验的是人格容量 / 50

秉承行知精神,办为农村造血的教育 / 52

教育改革:让人民更幸福 / 56

文化精神内存于我心 / 59

农村寄宿校不仅仅是学习场所 / 63

突破薄弱环节,实现民众希望 / 65

质疑也是科学调查的一部分 / 67

第三辑　何以抵达理想的教育

> 首先需要做的是每个人改变自己，理想的教育模式是每个人自主选择和决定适合自己的教育，每个人都努力把自己做到最好，都要找到自己、发现自己，不要跟着大家跑。不要把教育当成跑步，大家应该都去"散步"，依据自己的意愿、自己的能力，确定行走的速度与方向，探索自己的教育道路。这才是真正健康的教育。

用人民满意量一量教育改革 / 71

教育要靠变革和质量赢 / 75

开放是教育改革的重要动力 / 78

教育改革关键在于变革体制 / 81

教育行政化是教改的最大阻碍 / 85

教育改革需要更加明确的目标和路线图 / 88

中国大学革弊反正之道 / 92

唯有变革才能改变留美预备学校的窘境 / 99

用行政问责推进教改 / 101

兑现改革承诺才是改善教育的可行路径 / 104

解放出来，回归当下 / 108

走出高职专业设置的围城 / 113

余家菊论乡村教育及国家主义乡村观的两难处境 / 119

第四辑　将"指挥棒"变成"服务器"

> 建立在"分数面前人人平等"基础上的招生，虽然能在一定程度上显示出形式公平，但由于不够专业、全面，难以实现真正的实质公平。它比较方便政府依据统一标准快速选拔适合某一条件的人才，却很难满足社会对人才的多样性需求，难以依据个人的天性和潜能真正培养多样性杰出人才。

未来高考要以人为本 / 131

高招应从"指挥棒"变成"服务器" / 133

教育部门应退出高招主体地位 / 135

高招的根本问题在于行政权力过大 / 138

招生公平需要专业规则做堤防 / 141

建立学生为本的考试招生制度 / 143

独女高考加分政策似乎已过保质期 / 146

取消鼓励类加分是给教育公平加分 / 148

看待高考加分要走出一刀切思维 / 150

打破高校招生中的固化利益链 / 152

自主招生应转向"专业主导" / 154

交费才能招生是学术的逆淘汰 / 156

体育考试成绩应与升学挂钩吗？ / 158

第五辑　呼唤真正的大学精神

> 大学精神是大学"成人"过程中的酵母，它在大学中形成一种富有魅力的内驱力，使大学人在积极向上的心理氛围中共享激励与鞭策，走向成熟与完善，追求创新与超越，直至"成人"。

愿大学里多一份真诚 / 163

大学精神是大学学人的共同话语与责任 / 166

章开沅的真诚能否撬动院士终身制？ / 170

大学增量变革是条羊肠小道 / 172

香港科大的兴盛之道 / 176

大学章程亟须从纸上走到路上 / 178

中西部高校拿什么留住推免生？ / 180

还原西北联大历史原貌全貌 / 183

高校经费投入体制须细化至学科 / 189

大学当靠培养质量为学位"背书" / 191

师范院校不改名要靠共识 / 193

高校不宜行政划成学术型或应用型 / 195

行政与学术角色分离还须深化细化 / 197

大学价值取向应求"真"有"爱" / 199

让高校学生多些自主管理 / 201

高校合并至今遗留四大苦果 / 203

西南联大离我们有多远？ / 206

只招党团员的院校谁敢进？/ 208

学术权力应回归学术 / 211

军队院校招生不应排斥职高 / 213

第六辑　教育的良性发展离不开多元评价

> 所有对学生的评价不是为了把学生拿到天平上称一称，告诉他有多少斤。评价的目的是为了让学生更好地成长，能够独立思想，独立创造，成为创新人才。

评价，要打破对分数的迷信 / 217

建立多元自主分类的教育评价机制迫在眉睫 / 221

实施综合素质评价是评价实践和理论的提升 / 223

多方评价增强"特级"教师信度 / 225

堵住评价中的"腐败通道"是关键 / 227

"工士"含金量社会来评价 / 229

校长容纳监督才能"大"起来 / 231

"取消共建生"新政需引入社会监督 / 233

后　记 / 235

序 PREFACE

面对教育的不完美

1981年秋天第一次知道陶行知，到屯溪的延安路看了他的生平事迹展览，便被他吸引了，此后写了首自勉打油诗：

　　八一秋风撩醒思，志立教育造新世；抛却身边半根草，人类优教度此时。

由此确定了自己"教育是我的职业，研究是我的生命，把教育办得更好是我的人生目标"的人生定位。

自1983年开始作教育与社会调查，30多年来对教育实地调查、实践、思考，积累了太多的心里话。其实这些话或许都是常识，但没有这些经历和体验的人尚不知道这些常识。于是现实中的教育被各方面的压力挤得类似腌菜粑，既不好看，也不好吃，总是酸溜溜的，甚至对人的健康成长发展还有不小的伤害，但人们不得不把它放在嘴里嚼个不停，甚至还要被迫咽下去。

到了知天命之年，这些心中的常识常被一些媒体约稿掏出来，但都比较零碎。多位出版人都跟我说：你何不将它们结集出版？可一直忙这忙那没时间做这件事。直到华东师范大学出版社一再敦促，才有这个"教育评辨"系列的集子出来。

书中所收文章是最近十年来各媒体约写的稿子。这些文稿确实是我就所思考的问题写成，事先没有设计整体框架，但与教育的实际问题紧密扣合。将该系列取名"评辨"是由于所收文章基本采用了评论辨析的文体和表述方式，对现实教育各个方面有批判、鞭挞的意蕴，也有讲理、分析的成分。

总体上我觉得中国教育经过近70年的"齐步走"，走得人们都不知道自己该如何独自去走路了，不会一个人依据自己的兴趣自主地迈开步子；近一二十年又以同一个起跑线为标准，让不少人产生"起跑线上的恐慌"，所有的人都想挤进同一个跑道赛跑。从遵从人的成长发展规律看，齐步走和所有人在一条跑道上跑步都不对。"散步"才是治愈中国诸多教育病的良方。因为散步是自由、自主地随意走，每人确定自己的目标，不按规定的路线和路程，自己选择时机和路程长短，这样每个人才能成长为最好的自己。中国教育当下需要的正是每个人自主地迈出自己的脚步，以自己适合的速度、方式，朝着自己认定的方向、目标，用自己的头脑思考如何走，这样才能从根子上解决教育的各种问题。

这个系列对每位教育当事人是清醒剂，从不同角度和路径构成解决教育问题的整体对策体系。中国当下的教育问题，就好比是一枚硬币，或更准确地说是一个多面体，它的一面是各级政府，另一面是参与教育的民众，还有一面是媒体以及其他社会组织，在其中起着联络、反馈以及其他各种作用。当人们对政府的某些做法不满时，可以找到政府这些做法的民众基础、媒体的盲视、社会组织的无能；而当人们审视教育上的不当行为时，发现它又与体制以及政府的某些政策和做法相关，与政府管理者的素质相关，也与社会各方面的见识和发展水平相关。

表面看来这些问题好像无解，其实这个解有多个方面，多个主体。这个系列就是基于这样的假定去从多个方面求解中国教育问题。每一位读者，每一个与教育相关的个人，都可以通过自己的言行、选择、表达、参与改变当下不完美的教育，也都可以运用自己的理性和思考改变教育，改变自己的生活，乃至改变社会。

如果这个社会有更多的人这样想,并身体力行地去做,那么教育和我们的生活就会一天天地好起来。

储朝晖
2017 年于北京

PART 1

第一辑

我们需要怎样的教育信仰

选择最适合自己的教育

一年一度升学选择的时候又到来了，不少人就小学升初中、初中升高中、高中升大学等问题咨询我，我则反复告诉他们：选择最适合您自己的教育。

为什么这样回答？因为现在不少人因盲目、攀比、从众、虚荣等心理作祟，没有选择适合自己的教育，结果花了不少钱，荒废了青春时光和宝贵年华，却只获得了短期的、眼前的小实惠，走了职业生涯的弯路，难以实现职业的最佳发展和人生幸福。有关调查表明，现在在读大学生中60%的人对自己所学的专业不满意便是例证。

什么是最适合自己的教育？不同的人的答案不同，因为每个人的答案都是独特而个性化的。但最适合自己的教育至少可从以下几方面加以筛选。

首要依据是自己的潜能和人生志向。每个人都有自己通过千百万年的祖先进化而特别具有的潜能，它对每个人的未来发展发挥着60%左右的作用，能否充分发挥潜能是选择最佳教育时一定要充分考虑的。而志向则是依据自己对社会发展及人才需求的认识来作出判断的，它是一个人事业的意志根基，它也应成为如何选择教育的导向。

选择教育还要依据自己的现有状况，包括知识、能力等方面的条件来决定。在一个知识与能力相当的群体中学习比在一个各方面相差悬殊的群体中学习更有利，不顾这些而盲目追求重点名牌学校对自己的学习与长期发展不仅不利，反而有害。

在教育上不存在花钱多就受益多、花钱少就受益少的道理，每个人都可能找到花最少的钱而能获得最好的教育收益的方案，这一选择还应当与自己的家庭经济条件相符。而且，即便家里很有钱，也没必要把钱花在不适合自己反而损害自己的教育上。

另外，每个人都有由自己特殊的社会关系所构成的各种机遇，它也会对自己未来的工作及职业生涯产生影响，这一因素也应适当加以考虑。在就业压力大的情况下，这是一个很现实的问题。

准确地选择适合自己的教育需要不断地摸索和调适，其间出现差错是不可避免的。分析差错并不断进行总结，你最终会逐渐明了何为适合自己的教育。

四通八达的教育之路需要阳光铺就 ①

1920年夏,南京高等师范大学举办第一次暑期学校,陶行知与胡适、王伯秋、任鸿隽、陈衡哲、梅光迪等人在公园里谈论志愿,他说他要用四通八达的教育,来创造一个四通八达的社会。1923年,他认为找到了一条路径,就是大规模推行平民教育:"深信平民教育一来,这个四通八达的社会不久要降临了。"

90年后,不仅四通八达的社会没有完全成为现实,陶行知想推行的平民教育也难以彻底落实。近20年来,北京创造出行政机构与事业单位和中小学共建招生的模式,从个别现象发展到制度化行为,有愈演愈烈之势,每年通过这个隐秘渠道,有众多孩子走过众人仰慕的"牛校"。

"共建"一词原本用在"军民共建"等语汇中,指双方为实现同一目标各出一份人力和财力。北京等地的中学共建招生则指政府机关和企事业单位为满足员工子女入学,通过单位赞助的方式,与知名中学建立共建关系,共建单位的子女不用通过考试,可直接入读这些学校。所谓"共建"就是共建学校提供学位,共建单位提供便利的互利互惠、利益交换。

这种共建具有以下特点。

一是,仅是少数有权有钱的单位才有能力和资格参与共建;仅有少数区级乃至市级重点或示范中学才会被单位看上。二是共建所用的资源有一部分是家长掏,但并不是所有家长都有资格掏这笔钱。三是从中获得好处的是少数单位的职工子女,有占用公共资源中饱私囊的嫌疑。四是这种共建大多是

---

① 原载于《东方早报》,2012年8月30日。

隐秘的，学校收了多少钱，共建单位出了多少人力财力物力，都是糊涂账。

"共建"这种现象的隐蔽存在乃至愈演愈烈所造成的危害是严重的。

首先，它是滋生腐败的一条宽广渠道。其次，浪费大量社会资源。再者，共建现象近年来有渐趋泛滥之势，很多重点中小学的共建单位由原来的部委机关、央企发展到各行各业，如外企、地产企业，甚至学校所在地的工商税务、派出所、消防局等，都开始跟学校建立共建关系。一些央企还把自己的共建名额送给有合作关系的大客户高管的孩子，作为一种市场公关行为。所以，在当下的社会，共建已成为一种会流动的特权。

此外，它混淆了教育的价值标准。对于那些遵守游戏规则的人来说，这是侵害了他们的权利；而对那些打破游戏规则的孩子来说，虽然无须跟着家长四处去众多"牛校"参加五花八门的入学考试，却要面对与同龄人的隔阂乃至背负上更多的心理负担，更何况在单一应试模式的教育体系里，躲掉一个关口并不能逃避整个过程的评价，这就增加了在未来的考验中失败甚至输在终点的可能性。

危害更深的是，这种共建颠覆了教育的公正性，使成人社会的等级和不公平，通过这样的学校教育嵌入一代青少年的心灵，引发新的社会仇视和对立，伤害未来。

陶行知推行平民教育的主旨正在于此：一方面要打通层层叠叠的横阶段，如贫富、贵贱，素来是不通气的，要把它们打通；另一方面要把深沟坚垒的纵阶级打通，三教九流七十行、江南江北、男男女女等，这种此疆彼界也非打通不可。

"共建生"存在的基础，也就是社会中存在的纵横壁垒，具体而言有两个：一是社会层级的存在，导致纵向权利不平等；二是学校之间存在质量差异，或政府对不同学校的政策、投入存在差异，把学校分为三六九等。如果学校间是平等均衡的，谁还需要掏钱共建呢？如果社会上不存在特权，谁又能要人家与你共建呢？往往这两个基础相互共生，权利的不平等导致校际伦理丧失，学校之间既不平等又难以均衡，共建这种形式才会愈演愈烈。

解决"共建生"问题的难度虽大，原理却很简单，就是坚持公平、平等的理念，规范约束特权。

从教育行业内部消除"共建生"的有效措施就是实现校际平等和均衡。近年来,各级教育主管部门在促进学校均衡发展方面做了不少工作,但他们无法约束参与共建的更高权势部门和更有钱的央企,这是"共建生"这样的严重不公现象长期被视而不见的根源。要彻底解决这个问题,需要高层领导从大义出发,拿出明确态度,采取切实有效的措施,自上而下强力推行,率先垂范。

其实,稍有理性的人都知道,招"共建生"不是件光荣的事。解决"共建生"问题也不需要高超的技艺,最有效的措施就是像公开"三公"消费那样,让它公开见阳光。

民众有权知晓谁享受到了公共资源。把"共建生"的控制权抓在行政部门手里批来批去,只会刺激权力部门的寻租欲望,就永远没有彻底解决问题的可能。

彻底根治共建及类似问题,还必须进行学校管理体制改革,落实"管办分离",让学校成为相对独立的法人,依法自主办学,让学校法规而非行政权力畅行无阻。

和谐的社会需要平等和公平作为基础,需要公平正义的引领,需要将这些种子种在幼年人的心田,让《义务教育法》的阳光一层一层地照亮灰色区域,照亮整个校园。在这样的校园中成长的学生,就会去创造四通八达的社会。

高中教育须从"修塔"向"建广厦"转型

有媒体报道,我国部分地区的高中教育陷入学校债务负担沉重、教师编制紧张、普通高中和中等职业教育协调难等困境。的确,当前我国的高中教育改革进入深水区,面临的问题也日益凸显。最为明显的沟壑是普通高中与职业高中,两者很难逾越。在普通高中内部,又分为不同级别的示范学校。

一些地方将普通高中分为六个级别,最低级别的自然是那些农村高中和城市里的社区高中,在校长级别、政策待遇、经费投入、师资配备、招生批次和分数段等方面都各不相同。令人不解的是,这些学校都是政府投资建立的公立高中,却有那么大的差别。那些私立高中反而由于收费与升学率较高,常处在上中游。

出现这种情况的主要原因在于,自1977年我国恢复高考以后,各地办高中教育遵从的基本理念是"修塔",也就是在一个地域内集中精力建一所升学率超过其他地区的高中。正是这种理念造就了曾经壮观的"县中现象",造成了当下的问题。现在依然未解决的高中学校债务负担沉重问题,主要出现在那些"塔尖"学校,反倒是比较一般的高中没有债务。大班额也是高中学校间差异过大导致的大范围择校造成的,由此带来越是优质的高中教师编制越紧,越是不被人选择的高中编制越松。如果只看到局部而增加优质高中的编制,反而加大了财政和人力资源配置的马太效应。

在升学率的牵引下,一个区域内其高中的水平也是参差不齐的。不只是媒体报道中的四川省不同地区在高中毛入学率上存在明显的差距,苏南与苏北、鲁东与鲁西、浙南与浙北也都存在这样的差别。经济基础和文化底蕴成为"修塔"模式的高中发展的重要塔基,引得远方有一定经济条件的家庭把子女送进"塔里"的高中,同样导致巨型学校和大班额。

面对当下高中教育的困境,不能仅看局部,要立足普及看到整体,系统规划和配置高中教育资源。最关键的是要从"修塔"的发展模式转向"建广厦"的发展模式。要办好每一所高中,让优质教育资源相对均等地分布在不同的高中,垫高整个高中学校群的底部。政府要制定并实施对所有高中平等相待的政策,在一个区域内形成多所高中学校的适度竞争,财政经费主要依学生数拨付,奖励绩效良好的高中,而非仅大量投入当地最好的高中。

"建广厦"除了要平等相待,还需要解决高中发展的多样性问题。高中阶段不同学生的天赋差异和职业取向差异已经较为明显,不能指望完全同质的高中学校满足学生们的需求。高中"广厦"就是要容纳各种不同的学生,应具有比义务教育阶段学校更强的包容性。而建立多样性的基础,一是评价要具有多样性,二是办学主体要呈现多样性。

所以,一讲到如何解决高中教师不足,不要只想到增加编制,还可以转换体制和机制,适度运用民间资源来满足这一需求,不能仅在公办学校体制内解决高中教育资源不足的问题。事实上,不少处于边缘状态的公立高中学校,80%的经费来源于学生收费,依然还挂着一块公立学校的牌子,日子过得紧,却又松松散散,还很难提高质量。如果能转换机制,干脆委托民间专业组织办学,在获得更大自主空间的情况下,就能改善管理,通过灵活的机制选聘优秀教师,获得更多的资源,在较短时间内提升质量和办学水平。

简言之,普及高中教育不能只是量的增加,还需转换发展模式,解决内部结构和机制问题,这样才能健全发展。

需重视国际班热背后的信心缺失

近年来，随着中国学生海外留学热的兴起，国内一些大中城市的高中国际班成为家长和学生们热捧的对象，不仅班级越办越多，而且招生人数、录取比率也不断攀升。据媒体报道，有的学校的国际班报名人数5年涨了6倍。

与前些年出国读研的学生不同，高中国际班的学生往往在初中阶段就定下了去国外上大学的目标。事实上，这种现象近十年来不断升温，是"留学热"带来的结果。

国际班热的一大关键因素，是一些家长和学生本人在多重压力下，对在国内接受优质高等教育信心不足，转而把视线投向国外。

不可否认，当下学生以及家长面临不少压力，包括择校、补习、考试等。正因如此，多年积聚的"留学潮"因压力未减仍将有一段提升空间。但是，与改革开放之初相比，当下的出国留学热主要是父母们在推动，留学人员成分已发生变化，生源素质差异很大。

国内教育给一些家长和学生造成的压力是国际班的"热源"。调查显示，这股热源主要在有一定经济基础的知识阶层传播。普通工人和农民家庭当下尚不具备充足的经济条件支持孩子出国留学，而真正对中国教育有专业认知的人会比较理性看待出国学习的利弊。而普通的知识阶层，他们自己曾经历过残酷的高考竞争，不愿让自己的孩子"受二茬罪"，加之身边的教育改革状况与他们的期待相比显得缓慢。多种因素作用下，国际班学生就出现迅速增长势头。

深入分析我国自改革开放以来出现的三次留学热潮，可以发现，相比于前两次受外在因素影响较大，如今正在经历的第三次热潮则更多地反映了国内教育存在的一些问题。

首先，我们不得不承认，我国与欧美教育发达国家在高等教育领域存在较为明显的差距，包括办学理念、管理制度、人才培养、课程设置以及师资等方面。一些家长和学生正是看到了这种差距，为了追求更高水平的教育，自然就倾向于出国留学。应当说，这样一类选择也是无可厚非的。另外一类情况，是一些家长和学生存在盲目跟风问题。学生自身的能力或家长的经济实力存在不足，但看到身边的一些学生出国留学，觉得时髦、新鲜，于是盲目选择跟风。这种心理是不理性的，学生出国也存在较大潜在风险。还有一类家长，他们不愿再让子女承受沉重的课业负担、机械的试题训练和高考的巨大压力，所以选择"逃避"，选择国际班让孩子早点摆脱这种压力。

有人认为，国际班热是国内教育的失败，这种论调显然是不客观的。学生热衷出国留学的原因是复杂的，比如家庭因素、不适应国内的教育方式等。我们必须看到，年轻学子总是充满好奇心和求知欲的，如果有机会出国留学，到一个全新的环境中生活学习，相信很多人都有兴趣。相信世界各国的很多年轻人都有这种心理。据教育部统计，2013年度中国出国留学人员总数为41.39万人，但同时在华留学生人数也达到了35.65万人。

国内教育当下急需在改革高考招生制度，建立现代大学制度，改善学校的管理和评价上采取切实措施，让国为大学办出个性和特色，形成高等教育和社会经济发展的良性循环。届时，出国热自然会降温，回到理性、正常的轨道上来。

拆除"围栏",搭建终身学习立交桥

2014年,习近平总书记要求,深化考试招生制度改革,构建衔接沟通各级各类教育、认可多种学习成果的终身学习立交桥。这对于推动大众通过学习激发自身潜能,充分发展和完善自我具有重大意义。要通过终身学习的立交桥,让每个人找到与社会需求对应的位置,将自己的才智有效发挥出来,进而走上通向人人平等社会的路径。

作为一直以来的改革设想,搭建终身学习的立交桥此前一直进展不大,原因之一在于,只是少数专家、官员或"小众"在推动,真正需要过这座立交桥的人或者说"大众"没有参与进来。因此,在改革的新阶段推进这个目标,必须让真正需要"过桥"的人参与进来,大家群策群力,共同商议,共同施工,让"立交桥"变成大家想干又能有机会参与的工程。

从专业角度看,现有的考试招生制度类似于一部"电梯",通过考试筛选把不同的人送到不同的楼层。人们往往认为只有上到顶层才算成才,于是大家都为了改变自己的等级而学习,应试的压力就是这样造成的,各级各类教育之间不能互通也是由于这种层级的存在。而构建终身学习的立交桥,关键在于实现各种职业、各个岗位之间的平等,只在个人专业水平、技术含量、专业类别上存在差别。如果这方面设计没做好,大众就会仍然去挤"电梯"。终身学习立交桥的另一项关键设计是专业的评价,要通过评价判别出某个人的优势潜能在哪个方向,形成百花齐放、多元发展、繁荣生长的良性人才成长生态,而不是用一个标准、一种考试去考所有人。这两项关键设计做好了,各级各类教育的纵向衔接和横向沟通才可能实现,大众自然会依据自己的特征和人生目标参与到"立交桥"的建设施工中。

现实中，由于政府对各类教育的管理部门存在着条块分割，一定程度上也造成了各级各类教育条块的分割。所以，有必要改变政府的教育管理方式，改变职教、普教、高教、成人继续教育分属不同部门的状况。国际上一些建立了终身学习体系的国家，正是建立了能够跨国和跨地区互认贯通的资历框架。因此，建设"立交桥"首先要拆除政府内部与教育相关的各种"围栏"。各级各类学校是"立交桥"的关键建设者，不能以行政指令强迫他们认可什么，不认可什么，而是要由他们自主确定自己认可的标准。

俗称"立交桥"的资历框架建设，本身也是一项专业性很强的工作，包括资历框架的立法和管理、资历级别和能力标准、资历质量保证和评审机制、资历认证、学分累积和转换的成效，以及过往资历认可等专业工作。此前，这方面的工作要么是关起门来做纯学术的研究，要么是依附于行政机构，缺少直接面对大众的工作基础。在建设终身学习立交桥的过程中，政府必须站好自己的位置，不缺位又不越位。专业工作者要深入了解大众的教育需求，遵从教育规律，设计出一个方便大众，切实满足大众教育需求的方案，大众愿意走上去，愿意参加施工，让"立交桥"真正体现出开放性的特点。

讨伐封杀不如找出病因解决问题

2012年，从教育行政部门到媒体到公众，"讨伐"奥数掀起了一股高潮。北京明确提出叫停与升学挂钩的奥数竞赛培训。数学家吴文俊直言"中国式奥数"害人害数学。这句话作了一个关于中国式奥数的结果的判断。奥数有无原罪？为何走上歧途？走上了什么歧途？如何看待和缓解高涨的奥数热？

知其然，更当知其所以然。对当下更为众多的人来说，应当防避一些人将奥数作为挡箭牌，他们一起上阵打倒了奥数，却未能解决中国教育的真问题，甚至由于一些问题与积极打倒奥数的人脱不掉干系，他们反而借打倒奥数推卸了自己的责任，并从中成功逃离。

原本以培养学生对数学的兴趣、提高学生逻辑推理能力、发现和选拔数学精英为初衷的奥数，在中国却发生了变异，其根本原因主要有：在校际差距较大、学校之间地位不平等的情况下，奥数成了衡量一个学生能否进入比较好的学校的一把尺子，承担了它不应也不能承担的功能；在中国教育长期使用单一评价模式、多元自主的评价尚未建立之时，一些地方盲目取消了小升初考试，使得学生学业评价出现真空，奥数无形中取而代之。

此外，当下人们喊出的另一个口号是——"奥数比拼爹好"，从这一角度看，奥数又被一些人当作维护公平的杠杆，但这根杠杆同时又是伤人的。当奥数演变为以功利为基础的、几乎想得其利者人人参加的活动，必然发生质变，教奥数的教师和学奥数的学生都是为利而来，唯独不顾兴趣爱好，方法、手段、评价都会无所不用其极，结果是扼杀了真正对此感兴趣、有天赋的人才。

正因为此，各级政府及教育主管部门的工作重点不应放在三令五申禁止奥数上，而应自我解剖，勇于担当，找到真正的病因，解决真正的问题。

首先，从政府层面，要确立覆盖全社会的公平公正规则，带头取消"共建生""条子生"，给学校真正的自主权，让学生的升学和评价完全回归到师生自主的专业轨道上。其次，要建立均衡、平等的校际间关系，人人平等是处理众多问题的底线，在这根底线上就不应该将学校分为三六九等，政府在对学校的投入与政策上就要完全一视同仁。再次，彻底更新单一的评价理念，建立多元、自主的评价体系；否则，奥数总会穿上"新马甲"而再现。

做到上述三点，奥数自然会回归为学生的一种兴趣活动。然而，所有人都不要忘记，我们的终极目标是每个孩子的健全成长，要常以此警醒自己，也要常以此提防别人的误导，尤其要防止那些高呼打倒奥数而不解决真问题的倾向和作为。

薄弱学校只有发现自己才能走出薄弱

中国基础教育当前的一大特点就是不均衡，由于不均衡导致了不公平。实现教育公平第一个要攻克的障碍就是实现学校和城乡间的均衡。

相对于少数的优质学校而言，现有大多数学校是地道的薄弱学校。为解决学校间的不均衡问题，各级乃至各地政府也都采取了一些措施，令人遗憾的是，在不少地方这些措施的结果是建起了不少漂亮的薄弱学校，在农村这种现象更为常见。校舍很漂亮，校园很宜人，学生却不多，家长不愿将孩子送进这样的学校，反而在城镇逼仄的校园里大班额屡见不鲜。

由此可见，改变薄弱学校，除了政府、社会提供必要的条件，其中最为关键的是为到薄弱学校工作的教师提供必要的津贴和激励外，更重要的还是这些学校自己提升自己。

一所学校提升自己的第一步就是认识自己，并在认识的基础上探索出适合自身条件和自己需要的独特发展路径，或者说发现自己。江苏省马坝高级中学的发展提供了这样的一个例证。

然而，现实中不少薄弱学校在发现自己的环节就遇到了困难，从而无法改变自己。其中当然有现有学校管理体制行政化过强、学校自主权不够、校长产生的方式不科学等多种因素在起作用。更为主要的原因是不少薄弱学校的领导和教师习惯于因循，根本没有发现自己的意识，或者不知道如何去发现自己。

正因为如此，对于那些想改变自己的薄弱学校而言，首先要做的就是抛弃因循，生成并不断强化发现自己的意识。有了发现自己的意识，还要正确使用发现自己的方法。

要在自己学校历史中找到生命密码。一所特定的学校的发展历史中有太多的成功与失败的经验和教训，这些都是学校发展必须参考的宝贵资源，忽视它的任何改革、创新都可能建立在沙滩之上。

要在学生成长发展的需求中发现自己办学的理念。遵从学生的天性是办好学校的基本原则，课程、教学、评价、管理都必须依据学生的天性和实际需求，只有将一所具体学校的这些实际情况彻底弄清楚，才可能形成能够适合这所学校的办学理念。

要在社会的期待中发现自己学校的定位。定位不切实际，不了解社会对自己的需求，关起门来办学是当下普遍的现象。唯有在调查的基础上，了解社会对本校的真实期待，才能准确定位学校的发展，才可能走出盲目攀比、找不到自己的误区。

要在区域学校差别中发现自己可能具有的特色。找到自己与周边学校的不同，明了自己的相对弱势，发现自己的相对优势，走差异化竞争之路，才可能形成自己的特色，才能最有效激活自身活力。

全社会都需要薄弱学校优化自己，薄弱学校自身更要凝心聚力，通过发现自己步入健全快速发展之路，从而激发师生的自尊、自信，形成学校的风格、品牌，以积极进取的姿态加入推进全国教育均衡和公平的进程。

义务教育经费"钱随人走"彰显以人为本

2015年11月25日,国务院印发《关于进一步完善城乡义务教育经费保障机制的通知》(以下简称《通知》),明确提出从2016年1月1日起,建立起城乡统一的义务教育经费保障机制。

我国过去实行的是以县为主的义务教育经费保障体制,现实情况是各县财力差别较大,城市与农村财力差别较大,公立学校与民办学校差别较大。尽管近年来也强调省级统筹,但这些差距仍难以消弭。

另一方面,义务教育阶段有数以千万计的流动儿童,他们只有在户籍所在地才能享受到财政的义务教育经费,流动到城市就享受不到。但人是活的,需要流动,这与义务教育财政经费不能流动形成强烈的反差。

此次《通知》针对上述问题,实现了城乡统一"两免一补"政策、统一公用经费基准定额、统一经费分担机制的"三个统一",并提出巩固完善农村地区校舍安全保障长效机制、巩固落实城乡义务教育教师工资政策的"两个巩固",体现了将农村孩子与城市孩子平等看待、义务教育经费保障"钱随人走"的基本精神,也显示出义务教育经费保障机制向以人为本又迈出了一大步。

对于随父母从农村流入城市的义务教育阶段学生而言,过去国务院的政策文件中规定的是"以流入地为主、以公立学校为主"的"两为主"政策。中央政府请客了,却未落实由谁来买单,实行起来常常遇到流入地认为负担过重而积极性不高的问题。这在一定程度上损害了这部分学生的切身利益。此次实行"钱随人走""两免一补"和生均公用经费基准定额资金随学生流动可携带,估计将惠及1300多万农民工随迁子女,也为流入地办好义务教育提供了一定的物质基础，更明确了流入地政府办好农民工随迁子女义务教育的责任。

这次调整有一个教育行业外人士不太关注的点，那就是生均公用经费基准定额标准、"两免一补"政策经费同样适用于包括民办学校学生在内的城乡所有义务教育学生。需要说明的是，本人经过实地调查，发现约1200万名在民办学校就读的义务教育阶段学生中，仅有一小部分属于家庭条件好的学生。由于当地农村的公立学校办得不够好，外出务工的父母不放心把自己的孩子放在当地公办学校，只好选择将孩子送进当地的民办学校。这部分花费在过去很长时间内需要外出务工的父母承担，未能享受到财政补助，这对他们来说是不公平的。

同时也应该看到，《通知》在落实上还可能遇到一些问题和困难。首先，生均公用经费基准定额标准、"两免一补"政策经费仅是教育经费总额中的一部分。如何推进义务教育经费的全口径预决算，以更有效地推进义务教育均衡和公平，确保农村孩子与城市孩子完全平等地享受义务教育，依然有一段较长的路要走。

其次，《通知》中没有将义务教育阶段民办学校的校舍安全、教师工资补助等经费列入财政义务教育经费的保障范围。在这种情况下，义务教育阶段的民办学校收费问题依然会成为社会关注的热点和政策执行中的难点。

由此可见，此次调整只能看作义务教育经费保障向以人为本迈出了一大步，还需要完善相关政策措施，以进一步促进教育公平，推动义务教育均衡发展，全面提高教育教学质量。

春风来了，尚待细雨

依中国谚语，"三十年河东，三十年河西"，而2010年则是自1949年经历过两个三十年后的第一年。

在第一个三十年里，中国教育被涂抹上过度强烈的政治色彩，以致教育自身成为政治的极其简单的工具，受到深层次伤害，长时间难以恢复痊愈。在第二个三十年里，中国教育被要求以经济建设为中心。在经济获得巨大发展的同时，教育染上过度功利的色彩，过于强调突出经济和物质利益，急功近利，成为个人名利和地方官员政绩的"兑换券"，功利观念置中国教育于危机之中。

在进入到第三个三十年之际，《国家中长期教育改革和发展规划纲要》（2012—2020年）（以下简称《规划纲要》）开始起草和征求意见，这给了全国上下更多的人开始思考教育问题的机会，思考教育存在什么问题，如何解决这些问题。思想是教育健全发展的源泉，是接下来教育变化的最重要的基础。

2010年，《规划纲要》颁布，在总结过去60年曲折历程基础上，确定了中国教育改革与发展的大方向，确立了新的教育价值取向：突出了"真"——科学发展，尊重教育的内在规律；注重质量，确立科学的质量观和发展观。强调了"爱"——促进公平、以人为本，办人民满意的教育。尤其值得强调的是，以人为本是中国教育价值经历了曲折反复后的选择。中国教育价值在60年间多次转换与选择，以人为本成为60年付出沉重代价选择后获得越来越多人认同的教育价值取向。

因此，2010年中国教育最大的格局之变是：过去一讲到教育就认为是国家的、政府包办的，通过计划的方式供给；现在实现了基本的民生，教育政策要征求广大民众的意见，要满足民众的需求，以人为本。

《规划纲要》是众多人对教育进行思考所带来的春风，而教育的健全发展尚需要依据新的教育价值，建立起新的政策法规体系，采取新的措施，优化结构，健全人才培养体制、办学体制、管理体制。或者说 2010 年的中国教育正处于"春风来了，尚待细雨"的状态。

尽管各级政府采取了一系列措施促进教育公平，但是教育不公平问题依然存在，在一些地方还比较严重，教育机会不均等、城乡教育差距、学校间的教育差距、择校现象等都还较大范围存在。

国务院在《规划纲要》颁布后又发出"国五条""国十条"解决"入园难"问题，但是学前教育发展的体制与机制问题未得到真正解决，学前教育发展的政府投入依然不够。大力发展公办园的过程中，能否保证最需要幼儿教育而又尚未享受到公共幼儿教育的幼儿的受教育权？对民办幼儿园的补助能否落实并公平发放？在公办园尚未实现无差别、有选择地接受幼儿入园的情况下，指望民办园履行公益责任的设计是否公平、具有操作性？

高考若干联盟的出现，也仅是高校获取自主权的开始，真正实现高校能招收到自己想要的学生，考生能进入到自己理想的大学，尚有很长的距离。南方科技大学遇到的困境也是整个中国教育遇到的困境。

职业教育长期以来高度重视却发展维艰的状况，在完全公办、形式单一、学历导向的情况下不可能得到改变，满足社会多样化需要就应朝着灵活、多样性方向发展。

如何保障私立学校（民办教育）享有与公办学校平等的权利，目前还有很多问题没有解决。

对于教育的各个领域来说，已经有一些变化的迹象，但是要真正落实科教兴国和人才强国战略，还要痛下决心破除关键性障碍。

教育的产业属性不是"狼"

一位媒体的记者曾经打电话问我：依靠社会力量发展高中和幼儿教育，会不会导致新的教育产业化？

这一提问背后的担忧不小，其假定也很清楚：教育与产业之间是风马牛不相及的。公众中有这种观念的人不在少数，产生这一观念的基础是前些年政府对教育产业化的严词否定，民众则饱受教育产业化带来的沉重经济负担之苦，于是社会对教育产业化近乎一边倒地批判，似乎它就是一匹恶狼。

在对教育产业化几乎只有一个声音的时候，杨东平教授写了篇《教育产业化争议辨析》，发表于 2004 年 10 月 13 日的《南方周末》，强调教育产业化的理论并不"邪恶"，厘清教育问题的关键是重温作为现代教育制度道德基础的教育公平、社会公正等价值，纠正"单一财政视角"的教育倾斜政策，放开政府垄断。

正是这样一种特定的情境，造成了多数人对教育产业性的误读和偏见。

一、产业属性是教育的基本属性之一

事实上，中国的普通百姓都能以通俗的方式理解教育的产业性，他们为子女受教育不惜重金，并不仅仅是因为对子女的情感，也包含着对回报的期望。人力资本理论则为这一现象提供了理论诠释。教育本身是多样性的复杂的存在，成人是它的内在根本属性，公益性是它在社会政治结构中的特性反映，产业性是它在社会经济结构中的特性反映，因而以其公益性反对其产业性就好比用一个人的左手反掰右手那样滑稽。而现实中，对教育成人性的忽视远远超过了对教育公益性的忽视，反倒没有引起人们像对产业性那样高度关注。

从政府、社会与个人维度分析，教育既具有公共性，也具有私人性；既是国家具有很高经济回报的战略产业，又是个人乃至家庭回报率较高的投资方向。不同类型和阶段的教育产业特性的多少存在着差异，落实到实施教育的具体学校，它客观上是一个承载着价值和理想，并非简单形而下的单纯经济投入产出的产业实体，维持它的运转需要人财物等基本要素，也需要遵循与其他任何产业实体无异的经济运行规则。简言之，学校与学生的关系是提供教育服务与接受教育服务的关系。

二、缺少经营的教育必然是低效的教育

教育的产业性决定着事业内部需要精心经营，对外来说必须通过市场寻求与社会各行业之间的契合，要善于利用市场手段扩大教育资源，利用市场机制"经营"教育，协调供求，满足社会和受教育者的真实需求。

对产业性的否定导致的一个严重后果是教育效率和效益的低下。中国教育目前在一定程度上就是进入了这样一种尴尬的低效状况。教育收益与投入之间的比值过小，这恰恰是造成教育过度和家庭教育负担过重的重要原因之一。要提高教育的效益和效率，就必须像经营企业那样经营学校，而在目前学校的所有权、经营权尚不明晰的情况下，具有法人身份的教育经营实体的存在缺乏法律和社会基础。教育作为产业不被社会认可，导致至今民办教育缺乏与公办学校平等竞争的政策环境，产权不明晰、权益难以保障，成为阻碍教育实现真正的经营的现实障碍。

因此，承认教育的产业性，并建立相应的法规，广大的教育当事人就能得教育产业性之利，就能打破教育上的垄断和封闭，引入市场竞争的机制，建立教育经费投入多样化的渠道，增强教育培养能力，提高效率和效益，增强教育服务意识，扩大教育的选择性空间。相应地，学校与政府、学校与社会、学生与学校、学生与教师各方之间新的关系才能得以建立。

三、多方共担机制是教育健全发展的资源基础

任何政府并不是全能的,世界各国都在不断探索和完善非义务教育阶段的教育经费分担机制,这本身意味着教育发展必须依靠社会力量。中国的义务教育普及、高校扩招都不仅仅是依靠政府,在操作过程中它们所存在的问题并非多方共担产生的,而是没有规范机制的强制或不合理分担造成的。

"人民教育人民办"以及相当长的时期里家长的教育经费成本过高的原因,就在于没有在一个相对合理的基础上建立规范的教育经费共担机制。在计划体制下,收费标准完全是由政府或教育提供方单方面确定,而不是由与教育相关的学校、家庭、政府、社会多方协商确定,这是导致教育收费毫无节制、失去理性、脱离家庭承受能力上涨的根本原因。只强调教育的公共性、公益性,从而认为教育只能由政府投资举办,形成政府垄断、包办教育,进而垄断教育的价格,垄断教育事务的话语权,这才是受教育者普遍受累于教育收费的根本原因。

四、建立新体制才能使教育产业之利惠及全民

建立于计划经济基础之上的现行教育体制,无形中将教育产业属性的利益集中并供给极其有限的人群。它通过权力寻租,利用公共资源谋取小集团利益,滋生教育腐败,抬高择校收费,导致教育的不公平。

由此可知,被人们感受到的所谓教育产业属性之弊不在产业属性自身,而在其体制基础。教育的产业属性是一种客观存在,而这种体制则是人为的,彻底清除其弊的方式在于建立新的体制。

新的体制应该建立在以人为本的基础上,教育各方当事人应成为教育话语权的真实主人,它的基础是政府与学校、社区、家庭在平等的基础上协商,而非单单某一方自说自话。杨东平教授提到的"单一财政视角"即是旧体制基础上的自然结果,只有在教育的权利主体多方化的基础上,才有可能保证教育利益公平分配、教育价值公正、教育行为规范。

在新的体制中政府的主要职能是依法履行责任和义务,为而不有地建立和维护市场环境中的教育秩序,而不是无限地垄断和拥有。

愿 EMBA 能 "豪华落尽见真淳"

上学拿学位由自己交学费,这是天经地义的事儿。然而,一部分官员读 EMBA(高级管理人员工商管理硕士专业学位)却不是这样。他们"崽卖爷田不心疼"地用纳税人的钱交高价学费去读这个学位,还引来一大批千方百计结交官员的商人,毒化了政商关系,变相推高了 EMBA 的需求。

2014 年,中组部等部门发文严禁领导干部参加高收费的培训项目,EMBA、总裁班等被明确列为高收费社会化培训项目后,在一些地方引发领导干部退学 EMBA 风潮。如果这项政策不折不扣地落实到位,这些年被非理性推高的 EMBA 热自然也会跟着退潮。

首先,值得庆幸的是 EMBA 群体可能会更"干净"了。掏纳税人的钱谋学位的人,人品自然高不到哪儿去,他们进了 EMBA 班也无心向学。只营私不为公,这部分人进来只会使 EMBA 远离学术和专业性,成为滋生腐败的温床。这部分人退出了,更高学术含量的 EMBA 才有可能真正出现。

其次,EMBA 有了对社会发挥良性作用的机会。官员的天职是做好自己的本职工作,如果确实感到自己专业水平不够,也不应一边占着领导岗位一边滥竽充数学 EMBA。两头占巧却又两边不负责任,这样的 EMBA 只能是社会资源的消耗者,唯有他们退出,EMBA 才能由恶性的社会存在转变为良性的社会存在。

EMBA 的目标是为企业培养务实的高层次经营管理人才,招生对象为较大规模企业的现职高层管理人员,需具有大学本科或本科以上学历(一般应有学士学位),大学本科毕业后有 8 年或 8 年以上工作经历(其中应有 4 年或 4 年以上管理工作经历)。政府官员混迹其间原本就不伦不类,而那些举办者还要以此炫耀"汇聚政界商界优质资源",再加上在就读者资格审查、管理、评价等方面的作假,已使得中国的EMBA为世界同行所鄙夷。

应该看到,中国经济在相当长的一段时间里处在转型升级阶段,这一阶段对EMBA的需求是客观存在的。这种需求决定着发展专业的EMBA前景依然良好,我们对此不仅不应失去信心,还要有追赶世界先进的底气。

这次出现的官员EMBA退学潮能否成为中国EMBA走向"真淳"的机会呢?实现这一转变并不会自然天成,还需要各方努力,首先在定位上要将EMBA定位为专业学习,而非仅仅建立商业关系网络或是编织政商关系网;再就是在管理和评价上都必须严格遵守专业规则,依据专业标准,不能见钱就给学位。

"真淳"的EMBA才是有含金量的,才能可持续,才有资格与世界各国的EMBA同行见面。

公民意识教育始于行①

《规划纲要》明确提出"加强公民意识教育，树立社会主义民主法治、自由平等、公平正义理念，培养社会主义合格公民"。

培养合格公民是一件很重要的事，也是一件很艰难的事，需要明确目标，切实贯彻落实。公民教育就是教人明了作为公民有哪些权利和义务、对这个国家有哪些责任。权利和义务是双向的，有义务的人必然拥有权利；如果没有权利，就没有义务，也无法履行义务；享有基本权利的人就有保卫这个国家、为这个国家作贡献的义务。培养公民意识是培养合格公民的起点，就是使人意识到自己的权利和义务，意识到自己在国家中的主人公地位，并积极主动地参与到国家和民生事务的讨论与行动中去。

一、知易行难起步艰

公民意识教育从何做起？这是各级教育工作者遇到的一个现实问题。一些学校在开展公民意识教育过程中还出现了反复。下面是某校的一个实际案例：

> 新学期开始，班主任闵老师结合《规划纲要》的学习，想在新组建的班里将公民意识教育与新的班委组建结合起来，由全班同学海选班干。想当班干的人准备任职演说，承诺当选后为班级做些什么，然后由

---

① 原载于《中国德育》，2010年第12期。

同学们投票决定班干人选。

开学一星期后，闵老师在班上公布了这一方案，全班同学活跃起来了，有去查资料写竞选演说词的，有在同学中征求搞好班级工作意见的，有找家长或自己亲近的人咨询完善班级工作方案的。经过一周的准备，全班42名同学中有16人提交了参加竞选方案。经过公开演说和投票，Z同学以最高票当选班长，与其他6位参选得票较多的同学协商组建起了新的班委会。闵老师为自己的这一探索高兴不已。

可在新班委组建后的第三天，就有同学举报新班委中的L同学动用了家长是本校教职工的优势为自己拉票，还有人举报新班委中的G同学私下里给同学送礼以增加自己的选票，还有人质疑新任班长Z同学在班里学习成绩和品德都不是最好的，仅仅是竞选方案做得好，演说的时候"迷惑"了一些同学而已。闵老师调查后了解到，举报的情况基本属实，举报的同学就是落选的同学。这让闵老师犯愁了，一时不知如何处理。

闵老师选择这样一个切入点培养学生的公民意识是恰到好处的，公民意识教育不只是教一些词汇和知识，而是要让学生依据公民的责任和权利行事，在行动中生成意识，在行为中形成规范。每一个学生都参与班级自主管理，并通过选举的方式选择自己信得过的同学管理班级事务，不仅能够培养学生的领导能力和责任心，而且能养成全体同学的责权意识、公民意识。

当然，这个案例所暴露出的问题同样值得注意。首先是班委会的功能是什么？长期以来，受外在环境等多重因素的影响，不少人认为班干就是班级里学习最好的人，就是能集"三好生"等各种名誉于一身的人；还有人认为班干就是在班级里有些特权的人。其实这都背离了对班委会的功能定位。简而言之，班委会就是全班同学推选某几个人为班级尽责的组织，因为需要他们尽责，所以全体同学授予他们一定的权力，以便他们更好地为同学们服务。班干部未必需要学业最好，也未必需要太多的荣誉，却必需要有多数同学的认同，也必需要有为同学尽职尽责服务的责任心，得到大家信赖。

其次，班委会通过选举产生是学生自治的重要体现，需要有比较严密的程序和详细的规则，以保障这一过程是公平、公开、透明、公正的。学生在学校期间选举班委会的活动就是对这些程序和规则学习的过程，出现这样那样的问题是正常的。就以这个班出现的这种情况来说，闵老师完全可以平常心态，引导学生公开讨论，处理好这些问题，并通过这些问题的解决深化学生对公民意识的理解。

二、以知导行是非明

现实中，确实有一些学生为竞选班干部暗地里请客送礼，包括买零食给同学、送玩具给同学；一些孩子的家长也掺和进来，私下"结盟"让各自的孩子互投选票、互相提名。尽管有这些问题，我们的教育却不能因噎废食。大面积的调查表明，大多数学生还是单纯和正直的，选班干部还是最看重服务精神和综合表现，最终能够当选的也绝不是那些用不正当手段拉票的同学。

事实上，孩子们的某些做法，很大程度上是社会上成人想法和做法的折射。那些掺和孩子班干部选举的家长其行为本身就是丑陋的，那些向老师"游说"要求务必给自己孩子戴个"官帽"的做法也是错误的。对于一些家长用社会上的丑陋现象来解释自己的孩子为何落选，也有过多的主观成分。

更有一些家长，从功利的角度看待班干部，不是将担任班干部当成尽责的机会，而是当成获得特权和好处的机会，认为当上班干部就是各种特权的延伸：或想通过当班干部激发孩子在各方面严格要求自己；或觉得孩子当上班干部后，更有机会被评为区级、市级三好学生，成为今后升学的敲门砖。

现代社会无疑需要由公民组成。由于经历过长期的封建社会和臣民生活与教育，中国人普遍缺乏公民意识，以致现今在不少人的意识中，"公民"还是个陌生词，甚至有些人还将它当作敏感词。正是由于中国人现在还普遍缺乏公民意识，以致该尽责时不尽责，该行使自己权利时也不会行使自己的权利，对于公共事务冷淡，参政议政意识淡薄。诸如闯红灯、随处扔垃圾、在公共场所大声喧哗等，在根本上都与人们责权意识不强、公民意识淡薄直接相关。

这样的社会现状更说明公民教育的重要和紧迫。公民意识源于教育，尤其是基础教育，很多意识都是从小养成的。真正的公民意识教育需要知行合一，不能仅仅讲理论，更需要讲明是非，从身边的小事做起，在做小事的过程中确立公民意识；需要从校园生活民主开始，需要让学生从小就意识到自己的权利、责任和义务，并通过真正的学生自治培养公民的意识和能力。真正的公民意识教育不是给学生标准答案和结论，而是告诉他们基本事实，教会他们分析各方面权责与利益的关系，让大家在参与中明确规则，在讨论甚至是争辩中明了事非，让学生自己去作判断。

三、辨清"公""私"立其大

公民意识的一个重要内容就是正确认识自己的利益跟国家的利益之间的联系。公民不是"私民"，不只是自己的，不是你一个家庭的，而是属于国家的。有钱的出钱，有力的出力，有思想的出思想，大家齐心合力才能把国家建设好。爱国就像爱自己的身体。爱自己的身体就要经常体检；爱国家就要经常检查政府存在哪些缺点和失误之处。

培养公民意识是各级各类教育义不容辞的责任。或许正因为此，这次不到3万字的《规划纲要》文本中，就有5次出现"公民"一词：强调"教育公平的关键是机会公平，基本要求是保障公民依法享有受教育的权利"；在战略目标中明确"坚持教育的公益性和普惠性，保障公民依法享有接受良好教育的机会"；在强调德育时提出"加强公民意识教育，树立社会主义民主法治、自由平等、公平正义理念，培养社会主义合格公民"；在依法治教部分强调"开展普法教育。促进师生员工提高法律素质和公民意识，自觉知法守法，遵守公共生活秩序，做遵纪守法的楷模"。

《宪法》是中国核心价值的法律体现，公民教育首先亟须做的就是让所有教育工作者和受教育者真正学好《宪法》。《宪法》第三十三条规定："凡具有中华人民共和国国籍的人都是中华人民共和国公民。""中华人民共和国公民在法律面前一律平等。"其中第三十四条确立了"选举权和被选举权"；第三十五条确立了"言论、出版、集会、结社、游行、示威的自由"；第三十六条确立了"宗教信仰自由";第三十七条确立了"公民的人身自由不受侵犯","任何公民,非经人民检察院批准或者决定或者人民法院决定,并由公安机关执行,不受逮捕";第三十八条确立了"人格尊严不受侵犯";第三十九条确立了"公民的住宅不受侵犯";第四十条确立了"通信自由和通信秘密受法律的保护";第四十一条确立了"公民对于任何国家机关和国家工作人员,有提出批评和建议的权利;对于任何国家机关和国家工作人员的违法失职行为,有向有关国家机关提出申诉、控告或者检举的权利";第四十二条确立了"公民有劳动的权利和义务"。依据一定范围内对师生的调查,不少人对宪法赋予了自己这些权利和义务感到愕然,甚至有人认为这些是某些人散发的传单的内容。由此可见,公民教育任重道远而又时不我待!

每个人都按照《宪法》的要求行事是成为公民的最起码要求,在现实中遇到不按《宪法》行事的人和事,就不应将它当作与己无关的事。如果将它高高挂起,那还是一种"私民"心态;如果能以适当的方式参与进来,如阻止、批评、与之讨论或采取措施纠正,才是公民所应做的。

四、习得技能利于行

培养合格公民不宜纸上谈兵,重点在于能以公民的意识和规范做事。

合格公民的教育内容包括公民道德、公民价值观、公民知识和公民参与技能。仅仅局限于知识的教育不是真正的公民教育,仅仅局限于道德的教育是空洞的教育,仅仅局限于价值观的教育更是虚无飘渺的。真正的公民教育需要知行合一,理论与实践结合,在做中教,做中学,使学生获得做的技能。因此对学生的公民教育需要从校园生活民主开始,需要从学生的切身利益出发,让学生从小就意识到自己的权利和义务,并通过真正的学生自治培养他们公民的意识、能力和处理公共事务的技巧。

公民教育的发展方向是建立公民社会,公民社会是一个责任社会,因而需要培养民主参与能力,学会公共沟通,学会公共决策,发展冲突管理能力,善于探究社区公共议题,推动社会改造方案的形成。当然,也包括学会如何在权势与金钱面前保持个人的尊严,实践《宪法》赋予每一个公民的思想信仰、言论、出版自由以及选举与被选举等权利。

学校不能与社会隔离，公民教育要让学生明白为什么社会需要一个政府，明了国家政权的性质、功能、机构、运作程序，政府对公民有何义务，它的权力应当受到怎样的限制和规范，为什么公民需要有言论、出版等自由，如何去保障这些自由，以及如何去获得社会秩序和个人自由之间的平衡，而不是简单给个标准答案，或简单规定只能这样做，不能那样做。

公民教育当然需要系统地把真正有价值的、符合人类文明基本准则的政治学、伦理学知识传授给学生，也需要将建立公民社会的启蒙知识传授给学生；但又不是将学生关在校园里，而是应该让学生更多地去接触社会、了解社会，多开展一些社会公益活动，并将参与公益活动的态度、效果作为对学生的考核内容之一。这样才能保障他们获得的不仅仅是知识，还有行事处世的能力和技巧。

公民教育不是仅仅教给学生一堆结论，而是要教会学生思考社会问题，了解国家政权的真实状况，培养学生独立思考的能力和对社会的分析批判能力，培养学生对现实社会的敏锐观察力和进行批判的道德勇气，使学生在实践中领会公民的精神，体验什么是合理的国家与政府，思考究竟要建立一个怎样的社会，然后再去考虑如何设计路径，如何通过自己以及联络更多社会成员去实现这样的目标。这样才能培养心智和人格健全的公民。

公民教育的最终目标就是创造一个理想的社会，这个理想社会是所有人认同、体验和选择的结果，因而需要培养学生对真理的探究精神、对历史的思索能力、对社会现实的批判能力和对理想社会的不懈追求的勇气。这些都可在班级的自主管理和生活环境中养成。

建立一个民主、公开、公正、透明的班级，包括教师在内的成人都从中淡出，学生的公民意识和技能就会在其中养成。今天一个个纯净的班级，将会铸就中华民族更加美好的未来。

PART 2

第二辑

何以体现教育的应有价值

教育应让人民感到幸福

办好教育应当追问几个问题：教育的目标是什么？如何实现这一目标？如何将通过教育实现幸福的羊肠小道变为人人都能走得通的康庄大道？我认为教育应该创造幸福——自己的和他人的幸福。

一、"人吃人"的教育——中国传统教育的重大缺陷

两千年来在中国人心中深深扎根的是社会达尔文主义式的文化和教育心理。人们普遍奉行"出人头地、光宗耀祖"的信条，并不缺乏"生存斗争"的智谋。中国传统教育很少教人创造文明幸福的社会，认同义利分离，包括"共同富裕""共同生活"在内"合群共生"的智慧严重不足。结果导致长期以来培养不出精神自立、服务群众的通才，酿造不出整个社会的幸福感。

人生的终极目的是追求幸福，社会发展的终极目标是社会所有成员的幸福。人类发展的历史是不断追求共同创建幸福、分享幸福、感悟幸福、学习幸福、体验幸福的历史。我们的教育应倡导善待自己、善待他人、善待自然、敬重生命。在中国倡导幸福教育的人中，陶行知是最杰出的代表。他提出建立"止于大众之幸福"的大众大学，明确"大学之道，在明民德，在亲民，在止于人民之幸福""一切所教所学所探讨，为的都是人民的幸福"，这也算是这位人民的教育家对中国教育的希冀和忠告了。

二、政府有责任通过教育酝酿幸福

教育"十二五"规划纲要确立了"以人文本"的基本精神，纲要立意的教育改革就是要为人民更幸福而提供适合的教育服务，要依据人民是否幸福去探索教育改革的方式。政府或教育管理者只有依据人民的意愿办教育，才能真正办成人民满意的教育，才能真正办成增进人民幸福的教育。

政府及教育管理部门需要到人民之中，了解人民的教育需要，从受教育者的立场思考教育改革和发展的实际问题。实现人民幸福的教育，应能针对现实需要，还应形成协商沟通机制，让各方充分发表意见，议而有决，决而能行。实现人民幸福的教育还应维护好人民的权利，坚持教育为公，不以教育为任何小集团谋利益；推进教育公平，使弱势人群也能享受到受教育的权利。

三、创建幸福学校，打造幸福人生

教育的终极目的是让人自由生长，让人性升华；是使人有健全的人格，健康的身体和心态；是要让人活得快乐、活得幸福、活得更有质量。建设"幸福学校"就要努力实现教育与教学的全过程以及参与者都是幸福的，强调尊重人、解放人、依靠人和为了人。

自主性是人生幸福的基石。我们要维护每个人的教育自主权，不宜强求一律；创设条件使人人皆能在其中作出适合自己的选择，全社会参与共建自主多样、适度竞争、优缺互补的教育发展良性生态。

教育是为了让生活更加美好、幸福，仅仅为应试而使教育与生活相脱离的教学不是好教学，不能实现幸福。学校要变被动应试的教育为主动创造的教育，将学生从标准答案中解放出来，培养人的独立自主性，而实现这一目标就需要在校园中创造民主氛围，解放创造力，从而达到幸福的最高境界。

总之，我认为实现人民幸福的教育本身是多样性而非单一性的，因为不同个体是有各不相同的个性与潜能的,社会对人才的需要也是多样的。我们必须把教育办到各尽所能,各学所需,各教所知,各扬其长,各得其所,这样才能实现每个个体的幸福。既要秉承教育为公理念,又不妨碍因材施教,这样才能实现幸福教育,为民造福。

校训是成人之砥

校训通常是一所学校精神和理念的凝练。学校的首要功能是育人,这就决定着古今中外众多学校的校训,主要是基于办学者对人性的理解和对外在世界的认识,围绕如何育人,如何认识世界,如何追求真理所作出的各不相同的言说和表达。

校训的这种旨趣决定着校训在成人方面有着强大且持续的效能,这种效能可以简要地概括为校训是成人之砥。

从"砥"的字面意义理解,它包含两层意思:一是砥砺、磨砺;二是砥柱、中坚力量。校训在成人上的第一层含义,主要发生在学校的新生刚接触校训的阶段,需要结合自己的生活与学习体验理解校训、认同校训,并用校训规范自己的言行,引导自己的志向确立、人格形成,检讨自己的过去,规划自己的未来。在这一阶段,学生需要将自己原来的个性与以校训为旨要的规范进行反复碰撞、磨合,形成带有自己个性特征的校训个性化理解模式。

校训在成人上的第二层含义主要发生在学生认同校训,准确地理解校训并有了自己个性化的理解之后的人生旅程之中。现实中确实大量存在一些校训仅在学生在校期间发生作用,这种理解是片面的。事实上对那些真诚、严肃地对待校训对待人生的人,校训发挥的作用是终身的。走出校门之后,每个人都会面对权势、面对利益、面对各种情感的冲动以及各种自己没有预期的荣辱,此时校训就会成为自己安身立命的中流砥柱。

现实中有一些人平时不注意修养,对校训没有敬畏心,走出校门便把校训抛到脑后,遇到人生的重要关口,心中早无砥柱,做人轻易失去底线。于是有了不少出了名校之门便忘乎所以的人,其中一些后来蜕变为失节或贪腐分子。这一方面因为部分学校尚未确立适合自己的校训，或任意为之、简单拼凑校训，或所立校训未能准确反映人才成长与真理探求的规律。另一方面，学生在校期间对校训没有深刻理解，不少人连校训的内容也记不住，更谈不上形成对校训的个性化理解。

有鉴于此，各校亟须重视校训的育人作用，而那些新建高校，要把校训的确立作为育人的重要工作。在做这项工作的过程中，要坚持以人为本，育人为要，要意识到校训应该是国家意志、社会趋势与学人精神相互融合的结晶，学校应自觉地将社会核心价值与学校育人目标结合起来，确定有独特气质的校训。

同时，所有学校都应重视学生在校期间的校训磨砺过程，以良师为示范，以典型案例为内容，让整个学校设置与运行的方方面面与校训的精神表里如一。要让校训精神既内隐于教学思维又外显于校貌校容，既潜藏于学生之心又体现于学生之行，成为彰显学校鲜明个性与特色，促进学生成人的一种富有魅力的内驱力。

校训应成为学校内人人向往的高尚境界，人人可以享用并坚守的砥石，导引学生在积极向上的氛围中共享激励与鞭策，守住底线与规范，走向成熟与完善，追求创新与超越，直至终生。

教育是人类最尖端的活动和学问

当前教育实践迫切需要运用生物学、生理学、遗传学、医学、人类学、社会学、哲学、历史学、谱系学、教育学和心理学等各学科内容与方法的集成，对现实生活中的人进行全方位的研究。

人们使用较多的已有教育学理论和概念源自近代学科分化，学科分化是深入、细致地研究某一具体对象所必经的过程。既然研究物理有物理学，研究天文有天文学，研究生物有生物学，研究教育就应该有教育学。然而，大量的调查和实践使我感到，这样的推论对于以人的成长和发展为研究对象的教育而言，存在严重局限，于是逐渐形成了"集成人学"的教育观。

简要地说，集成人学教育观认为，教育是人类最尖端的活动和学问，必须将生命与人文融为一体，必须将人类数千年来积累起来的研究人的各门学问和知识融为一体，各门知识之间不是简单的类似于生物化学、物理化学这样的关系，而是不分学科范畴，在共同目标下将内容与方法集成到一起。

一、寻找教育研究的更广阔空间

这一教育观的形成，还与确立对人类无差等的爱心和对人类成长与发展不受任何外在干扰的关注直接相关。有了这样的内心条件，就会超越学科，从多个角度，运用多种资源，使用多种工具，采用多种理论、方法甚至多门学科的知识，从人类自古至今的整个发展过程来审视教育中的各个问题，而不计较这些角度、资源、工具、理论、方法、学科之间的藩篱，将它们有机地融为一体。以此观之，现实之中的教育与已有的教育理论和概念规范相距甚远，需要人们依据实际，选择与教育本原更为接近的理论框架，集成人学的视野因此而产生。

教育研究的广阔空间现今依然没有被充分认识到。20世纪80年代曾经有人说，未来世纪是生命科学的世纪，但越来越多的迹象表明，教育是一门较之生命科学要复杂、尖端得多的学问，它甚至可以把生命科学包含于其中，是生命与人文的交融。在这样的层面认识教育才能真正弄懂教育，也才能办好教育。

二、在大量田野调查与实践基础之上感悟

集成人学教育观产生的实践基础便是大量实地调查与实践基础上的感悟。长期探究教育，必然将焦点聚集到人的成长与发展，并力图找到更为有效实现这一目标的途径。

1. 从物理方法到"人理"方法

用物理的方法研究"人理"是人类远古就开始的行为，古代的"素丝论"便是由这种方法引出的。发展到实证主义在教育研究中盛行之时，它成为教育研究的主流，被广泛地运用于心理学及其他与教育相关的学科。现代信息技术兴起后，用物理的方法研究"人理"的现象不仅没有减少，反而有新的形式出现。用电脑的信息加工过程来解释人脑便是其中一个例证，还有人将它当成一种"科学"的方法推崇备至。

然而，大量实践和调查越来越证实，研究教育不能用物理的方法，必须用"人理"的方法。依据研究对象的特点选择研究方法才能获得真实的研究结果，人、物两者之间差别之大，足以使人们一混用方法即导致错误结论，乃至灾难性的后果。比如当今流行的不恰当量化方法机械地、形式化地充斥于教育的各个领域，其结果是在教育研究、管理和实践过程中大量存在见物不见人的现象。

事实上，研究教育也要研究物，但这些物都是与人密切相关的。比如研究学生的课桌，我们不能把它当成与人无关的对象加以研究，而要根据学生的健康、成长、发展及其个性需求等来研究，即便研究当中使用一些物理的

手段，也不能仅仅用物理的方法进行研究。

2. 从分析数据到"深入人心"

数据的分析是各类研究中必不可少的技术性工具。但对于教育研究来说，数据的最大缺陷在于它不能"深入人心"。人内心是什么，怎么样，有什么变化过程，很难仅仅通过数据充分地描绘、表达出来。正因如此，必须打消在教育研究中对数理统计方法的崇拜，而是把它作为众多方法中仅供选择的一种。

与此同时，要更注重寻找那些能"深入人心"的方法，比如访谈、实地观察、亲身参与实践，以及在此基础上形成的大量调查和实践中感悟的研究方法。在教育研究中，做到"深入人心"是必不可少的前提，但它往往又是难以做到的，现今大量涌现的教育研究"成果"恰恰不具备这个前提条件。造成这一结果的原因除了某些研究主观上就非研究真实的问题之外，在一定程度上还在于所使用的方法难以"深入人心"。同样一组数据，在"深入人心"基础上分析所得出的结论与不能"深入人心"时得出的结论截然不同，哪个结论更可信，不言而喻。所以，在教育研究中对任何一个问题的研究，都应考虑尽可能选择更加"深入人心"的方式和方法，通过多种手段和途径互证，并在此基础上综合运用各种可用的手段，构成一套方法体系。

三、大量田野调查与实践中感悟

受陶行知的影响，从 20 世纪 80 年代初开始，我一直注重进行教育与社会调查，对教育实践中的一切充满好奇，设法进行尽可能多、尽可能全方位的实地调查。然而单纯的调查有其不足，将调查和实践合而为一地进行认识才更深刻。自我定位为实践者或者当事人的调查，比起自我定位为研究者、非当事人的调查，研究所得更为全面、真实。

感悟是对以前的调查所获得材料反复加工、反刍的过程，它是一个成熟的研究者在研究过程中不可缺少的，也是方法体系中不可缺少的。甚至可以说，缺少感悟的研究不仅在方法上存在缺陷，在内容上也不会深刻。感悟不同于对少量事实或数据从某一学科角度分析得出结论的过程，它需要拿出个体生命经验所积累起来的全部结晶，全方位、多层面、全过程、整体性、穿透性地思考所遇到的问题。

文理渗透，在大量田野调查和亲身实践的基础上通过感悟进行研究，是集成人学教育观产生的方法基础。

四、集古今中外相关理论研究人的成长与发展

集成人学教育观不局限在教育的某一个分支领域，如教育管理、教育史、教育经济、教育政策与法律、教育心理、基础教育或高等教育等领域研究教育问题，而主张对这些领域的每一个细节都运用人类已有的知识积累去细心钻研，以问题为导向而非以学科为畴域进行研究，并且将研究的问题放在人、数千年历史发展中的人、现实生活背景中的人、古今中外的人这样一个大的视野中进行钻研，将古今中外所有研究人的各学科内容与方法集中到一起，集中研究人的成长与发展，并以此为中心将教育中的各种问题依序编织为一个整体的、具有生态性的系统。

集成人学教育观认为，教育本是一种属人、服务于人的事业，人是教育的对象，是教育学发展的内在核心问题，也是当今教育学进一步发展的关键性障碍。汉字中的"人"，"撇捺互撑，站立为人"，不仅指生理上的站起来，而且指经济上、思想上、文化上的站起来，要自立立人，讲仁爱，相互帮助，这是人性之本。集成人学教育观最朴素的理解就是研究人如何站立、如何仁爱、如何发展的学问。它包括：对作为生物实体的人的研究；对人类起源与演化以及历史发展的研究；对人的个体发生、发展的研究；对人的个性及作为社会成员的人的研究。这四个方面都与人的发展直接相关，也都与教育相关，它试图揭示完整的人的存在状态（人现实上是什么）、本质属性（人应是什么）、历史发展（人如何实现）。集成人学研究不同于从某个传统的单一学科——哲学、文学、历史学等对人进行研究，也不仅仅研究人的社会本质之类的抽象问题，它结合一定的实证对活生生的个体的人进行与教育实践相结合的研究。当前教育实践迫切需要运用生物学、生理学、遗传学、医学、人类学、社会学、哲学、历史学、谱系学、教育学和心理学等各学科内

容与方法的集成,对现实生活中的人进行全方位的研究。集成人学教育观重点关注的是运用集成人学实现成才并成人的目标。

对人的单一学科、边缘和交叉学科的研究都不能替代关于人的系统性、综合性、集成性的研究。这种研究把人理解为社会因素和生物因素的统一体,只有不同学科的专家协同努力才能解决一系列问题。例如,集成人学教育观认为,对于个体的人来说,"志于学"是学习的必要且充分条件,自身和环境条件再差的人只要"志于学"都有成才的可能,自身和环境条件再好的人没有"志于学"都不可能成才。学校是将人们"志于学"的潜能转化为现实的组织和场所,"志"是人性基础上走向"成人"的真正起点。然而现今的教育教学中,这一原则普遍被忽视。

一段时期以来,人被当成抽象性、普遍性、标准化、可加工的对象与产品,教育被普遍看成对人的加工过程、生产过程、建构过程,造成人的他主性、工具性增强,人的个性与特色失落。重知识、重科学、重效率,轻"成人"、轻效果,成为教育实践中普遍存在的现象。集成人学教育观的大面积运用必将整体提高教育的质量。

南通一日三冠军引发的教育思考

在 2008 年北京奥运会 8 月 12 日的比赛中,女子双人 10 米跳台跳水冠军陈若琳、男子佩剑个人赛冠军仲满,还有男子体操团体冠军黄旭全都来自被誉为"中国近代第一城"的体育之乡江苏南通这个城市。

再看看南通此前曾涌现出 14 位世界冠军,其中 5 位奥运冠军,在全国地级市中名列第一,这不能不让人寻找其背后的原因。

恰巧几年前到过南通的学校,第一个浮现在我脑际的原因就是南通的教育积淀与观念不同于其他地方。历史上,这里就有崇文重教之风。

北宋初年,祖籍南通的胡瑗就在家乡推行"苏湖教学法",他"致天下之治者在人才,成天下之才者在教化,教化之所本者在学校"的主张开启了中国一代教育新风。1902 年 7 月 9 日,张謇深感"欲强国,必兴教;欲兴教,办学校;欲办校,先师范",提出了"父实业母教育"的响亮口号,并集资创办了南通师范学堂,聘请王国维等中外知名学者任教。1903 年学校开学,这是中国最早独立设置的师范学校。他还创办了一大批具有近现代意义的教育机构,如盲哑学校、伶工学校、女红传习所、博物院等教育机构,在当时的中国都是开先河之举。

在这样的背景下,南通人对教育的理解比其他地方更宽广、丰富。虽然当地的经济与苏南相比欠发达,在高考主要指标上却连续十多年雄居江苏全省第一,每年要比全省平均录取率高出十多个百分点,仅启东中学一家近年来就在各类国际国内奥赛上拿下了十多块金牌。

这些成绩背后,除了当地拥有一批精品学校,施行了一律就近免试入学、不收择校生、不收择校费、不办重点班的举措,还在于当地开展了丰富多样的教学研究活动，有了一批像李吉林这样的名师，还有民间对教育的支持、信仰，使得群众性教育活动和群众性体育活动蓬勃开展。

南通体育上成功的根基在教育，这个案例启示人们，要获取一个地方持续发展的"金牌"，不仅需要办教育，还要继承传统，解放思想，更新教育理念，丰富教育内涵。

"志""业"并举方能实现职教价值

2016年初,一些地方"两会"代表为职业教育没有在扶贫攻坚中发挥"最后一公里"的作用而痛惜。不少农村初中毕业生、高中毕业生,无技傍身,只能靠体力挣钱,回乡几年后便成为扶贫对象。

其实,这是个讨论了几十年的老问题:一方面是在一些地方,包括义务教育在内的普通教育,没有考虑到学生成长发展和生活实际的真实需要,较少涉及职业能力和生计的内容;另一方面,不少地方所办的职业教育是一种孤立、分割的职业教育,以为职业教育就是教点技能就行了,没有取得应有的效果。

100年前,黄炎培说职业教育就是使"无业者有业""有业者乐业",有业和乐业是其中的两个关键。有业需要一定的技能资质,乐业则是一种人生态度和价值取向,所以职业教育本身不仅仅是一种教会人技能的教育,还需要将乐业作为其追求的境界。

30年前,我在一所职业中学从事教改实验,根据调查的实际有针对性地设计开展了立志、求知、修身、创业的系列教育活动,每阶段进行半年多时间。立志主要针对进入职业学校的学生大多信心不足,不了解自己的状况,需要激发其内在潜能,促其了解如何立志,并确立自己的志向;当志向确立后再让他们掌握学习的方法,依据自己的兴趣拓展视野,抓紧时间求知;接着在增长知识的同时注意修身,学会与人相处、沟通,遵守规则;毕业前半年多时间开展以创业为主题的各项活动,了解创业过程和社会环境,学习相关知识和技能,作好走向社会的准备。几年下来,效果明显。

我从上述的经历中悟出了一条道理:对于个人而言,导致他贫困的有内因和外因。如果一个人有志向，就不会因为志短导致人穷，有志向就会想方设法求知、学技术、创业，寻找致富门路。

作为外因，一个地方的贫困有多种原因，不能简单归因于自然条件和生产方式，主因还是政府的社会管理和经济发展政策，未能充分激发当地人的积极性和创造性，未能使当地居民真正安居乐业，未能吸引更多人到当地创业。把贫困归因于职业教育没有发展好肯定是不够全面的，只能说与职业教育发展有相关性。甚至可以说这样表达更准确：由于贫困缺乏产业支撑，反倒可能是当地职业教育发展不够好的原因，而不是职业教育发展不好导致当地的贫困。

梳理了上述各因素之间的关系，就能分清主次，就需要系统考虑脱贫问题。首先在使当地居民权利得到有效保障的基础上，让更多的人的积极性和创造性充分发挥，有更多的就业和创业机会。奠定了这样的基础就有了发展好当地职业教育的需求和条件，才能谈得上怎样发挥职业教育在脱贫中"最后一公里"的作用。

作为整个教育体系的一个组成部分，职业教育是教育价值转化的重要一环，如果职业教育做不好，基础教育、普通教育多年积累的价值就难以有效实现转化。实践中实现价值转化的有效方式，就是从幼儿教育开始，增强各阶段普通教育的职业意识，在各阶段教育中增加职业体验练习，并在这个过程中让学生及早了解自己的优势、潜能和方向，寻找自己优势、潜能与社会需要的对接端口，将其作为自己志向和人生目标确立的基础。这些问题不能等到一个人进了职业学校才去解决，那时已经迟了。

解决好这样一个个微观层面的问题，才有可能解决宏观层面上的问题，才有可能发挥教育在防止和改善贫困代际传递方面的作用。无疑，地方政府需要重视职业教育，但重视不等于包办，要让真正懂得职业教育的专业团队来办职业教育，让专业人员充分发挥自主性和创造性。要消除职业学校的"衙门气"，建立开放的机制，引入竞争。不够专业没有活力的职业教育同样难以发挥良好的作用，只会败坏职业教育的名声，更不要说寄希望于通过它脱贫。

待到哪天当地家长乐于把自己的孩子送进职业院校，职业教育就必然能在脱贫中发挥好"最后一公里"的作用。

让幼儿教育回归公益性

在政府对幼儿教育财政投入难以保障的情况下,各地都出现了幼儿园高收费现象。一些地方的公办幼儿园靠办实验班等收取高额赞助费;一些城镇公办或民办幼儿园靠豪华装修,推广所谓特色课程和教材收取高额费用。这些都加剧了普通家庭幼儿接受教育的难度。

在日本,幼儿进公立幼儿园所交费用约占家庭男性工资的 1/30,若进私立幼儿园交费约占家庭男性工资的 1/16,即家庭幼儿教育投入最高不超过男性收入的 1/16。中国不少地方已远远高于这一水平。

美国的一项研究表明,幼儿教育中,社会受益占 70%,个人受益占 30%,照此比例政府至少应负担幼儿教育经费的 70% 才算合理。

幼儿教育所发挥的效益不仅仅在于幼儿自身,还在于它能够从起点上提高整个社会的文明程度,减少阶层间的差异和对抗,传播健康向上的生活方式,促进整个社会健康发展。

普通家庭的幼儿是否受到教育,受到什么样的教育,不仅是当地、当时经济发展水平的反映,也是当地政府价值取向的反映,即是否致力于多数人的利益。政府可以通过倾斜政策保证普通家庭,尤其是贫困家庭子女享受良好的幼儿教育,促使他们从社会边缘融入主流社会,这是世界各国的通例。

为此,各地应依照幼儿教育的社会公益性原则,将其纳入当地教育发展规划与管理中,落实人力、物力、财力。那种认为学前教育不属于义务教育范畴,政府就可以不投入或少投入,只依赖于高收费来解决问题的想法是不负责任的。

面对"第二"考验的是人格容量

第56届国际数学奥林匹克竞赛公布竞赛结果,美国夺得冠军,中国和韩国分获第二和第三名。有媒体以"美国首次夺冠'奥数'破天荒击败中国"为题进行报道,给人带来众多误解。首先是美国曾经在国际数学奥林匹克竞赛中几次夺冠而非首次;其次,"破天荒击败中国"的表达过于夸张。

自1959年第一届国际数学奥林匹克竞赛在罗马尼亚举行,很长时间这一比赛仅有苏联、东欧地区的几个国家参加,带有比较强的与西欧和美国一比高低的冷战政治色彩。冷战后期,这项比赛的范围才开始逐渐扩大,成为100个国家(地区)参赛的国际赛事。因此,至今美国社会和政府并不怎么看重这一比赛,仅有那些真正把奥数当兴趣的人才参与其中。美国中小学生对数学感兴趣的不多,而真正感兴趣的孩子则会非常投入。这些学生有兴趣的支撑,发展后劲很大,他们参赛获得成绩就是这样一种自然结果的凸显。

相对而言,中国自1985年第一次派两名学生参加国际数学奥林匹克竞赛,就把它当成一件为国争光的大事。政府参与组织培训,此后演变为在全国各地中小学校办各种培训班,给予升学优先等各种优惠和奖励。

中国队过去常常拿到冠军,多由于受到过度激励的非常态训练。反倒是美国队在常态下的表现并没有差到哪里去,尤其是近些年常常是紧跟冠军。进一步分析参赛选手日后在数学专业领域的成就,就会发现不仅冠军和亚军不是胜败的鸿沟,冠军和其他名次之间也不存在胜败的天然屏障。所以,在国际奥林匹克数学竞赛中的结果,并不足以作为影响中美两国国力对比可以依据的事件。

倒是中国的国民需要以平常心理性对待国际数学奥林匹克竞赛的比赛

结果，以培养中学生对数学的兴趣、提高学生逻辑推理能力、发现和选拔数学精英为初衷，抛弃过重的功利心，不要把奥数当作度量一个学生通用的尺子，不要陷入单一标准评价学生的陷阱。

其实，正常的比赛就不会有永远的冠军，正如这次比赛题目选择委员会主席当杰·乔瓦塔那所言："可能是因为某些年份的比赛题目属于中国队更擅长的类型，另外几年的比赛题目又是美国队的强项，不可能每年都是同一个国家夺冠。"

媒体和公众表现出的只能接受得第一，得第二就不能接受的心理，甚至调侃美国队中有一半多是中国人面孔，显示的是一种人格的狭隘和不自信。这种狭隘，很容易与单一凭考试成绩的评价制度相互激荡，侵袭和扭曲孩子的内心。

因此，教育工作者和社会各方面需要高度重视，在任何一次考试或比赛中，能够通过积极进取得第一，显示的是知识和能力水平；能否正确对待未能拿到第一的现状，则显示人格容量。作为一个人格健全的人，这两个方面都不可缺少。如果只有或只追求一个方面，尤其是仅仅追求前一个方面，则很难培养出身心健全的人。

秉承行知精神，办为农村造血的教育

当下，在城镇化大潮中，对乡村教育的改进和乡村社会改造的价值认识不到位，对这一过程的艰巨性和关键因素认识不明，在方式方法上缺乏深思熟虑，而陶行知的实践与思考可以提供不少启示。

一、"不能训练学生改造眼前的乡村生活，决不是真正的乡村师范学校"

陶行知先生 1917 年从美国回来后，曾一度把主要精力集中在教育改进上，1921 年中华教育改进社成立，使得他教育改进的意愿有了实施的组织基础，他自己连任了两届中华教育改进社主任干事，是中华教育改进社从建立到停止活动期间唯一的一位主任干事。由于时局的影响，1926 年后中华教育改进社原来形态的活动被迫停止，但中华教育改进社改进教育的意志并没有中止，而是转入到乡村改造，他发表了《中华教育改进社改造全国乡村教育宣言书》，创立了晓庄实验乡村师范学校，并在此基础上，建立起了生活教育理论。

1927 年初陶行知在南京郊外创办晓庄实验乡村师范学校时，他确定的办学目标是："依据乡村实际生活，培养有农人身手，科学头脑，艺术兴味，改造社会精神之教师，以为农民服务。"他进而认为："不能训练学生改造眼前的乡村生活，决不是真正的乡村师范学校。"也就是说教育必须包含改造社会的内涵，而不包含改造社会的教育就不是陶行知所说的教育。教育改进只是改造社会的一项具体内容。由此开启了他的乡村教育运动，显示出陶行知的关注点由教育改进向乡村改造的转换。他以改造乡村的方式更好地、更为集中深入地进行教育改进并获得了社会的认可。

从教育改进到乡村改造的转变，并不是一种抛弃和背叛，而是沿着教育改进方向前行，进入到一个新的阶段和环节，这与他此后所开展的各种教育运动形成一个连贯的整体，在所有这些阶段，教育改进的意图贯彻始终。实现这种转换的关键在于陶行知认为教育就是社会改造，教育改进与乡村改造是互通的。所以，他在乡村改造中使用并且不断深化他原来所信奉的教育改进理念、方法。融入乡村改造之后，这些理论不再是抽象的，而是在与实践结合的基础上，形成了富有陶行知个性特点的生活教育理论，即"生活即教育，社会即学校，教学做合一"的生活教育理论。这些方法不再是摆设而是通过真实的实验发出改造社会的效力，整体上把教育改进推进到一个与中国乡村实际中的各种力量相博弈的鲜活阶段，丰富发展了教育改进的理论和实践。

应该说，陶行知当时的实践在理论上还不完善，但是他仍做了很多积极、有益的实事。他认为，乡村教育改造的目标是创造人民的幸福，把自己定位成乡村当事人，而不是以高高在上的救苦救难的形式。这些宝贵心得都是值得我们在进行乡村改造时学习和思考的。我认为，乡村改造仍是当下中国社会建设的重要工作。为乡村造血而非抽血的教育，尚未真正办起来。对乡村教育改进以及乡村社会改造的关键性和艰巨性依然不能够忽视。

二、乡村教育不在于使乡村为城市服务，城乡之间应形成平等互动的良性生态关系

陶行知从事乡村改造距今已经 90 年了，在这 90 年中，中国的城市化进程已经跨过了很大的步子。依据国家发改委的数据，2015 年，中国城镇化率达到 56.1%，城镇常住人口达到了 7.7 亿，一些地方也开始启动户籍制度改革，不再区分农业和非农业户口；但同时我们也看到教育的城镇化率达到 74%，高于人口的城镇化率近 20 个百分点，显示出农村教育问题的迫切性。

陶行知曾在《一切乡村建设必须为农民谋福利》一文中强调："我们从

事乡村教育的同志,要把整个的心,献给我们三万万四千万农民。我们要向农民'烧心香'。"他明确提出反对救苦求难的天使派、教训村民的夫子派、建一个示范的模范派、主张城乡隔离的桃花源派、摧残民权的绅士派、救济农村破产的济富派、希望把农民当成获利工具的养猪派。当下农村教育从数量和规模上看,确实较90多年前有很大的发展,但如果从为农民谋福利的角度看,依然存在较大的差距。

陶行知办乡村教育主张村民要有改造乡村社会的精神和能力,而不是被动接受改造或教育,乡村教育的目的在于农人和农人小孩的成长与发展,在于提高他们的生活力。他反对使乡村越来越贫困的"分利"的教育,主张乡村教育要为乡村生活和社会发展"造血"而非"抽血"。乡村教育不在于使乡村为城市服务,也不在于将村里人简单地转化为城里人,城乡之间应形成平等互动的良性生态关系。当下,由于城乡教育的差距,市民与村民享受到的教育服务差距较大,造成了城市教育对乡村教育的巨大抽吸和控制作用,消耗了乡村的生机和活力,使乡村失去了长久的自主发展的能力。改变这种现状还需要很多努力。

在此我还要说一点:当下有一种认识,认为随着城市化进程的加快,乡村的问题就会越来越少,随着人口的进城,乡村的教育问题也就越来越少。这种认识仅仅从片面的数量视角观察,而没有从长久的发展和源流关系上考虑,没有看到城乡是常态社会下互补的两种社会形态,乡村社会在很多的时候,是城市生活的源头,忽视解决乡村社会的问题,忽视改善乡村的教育,将给未来整个社会的发展带来一系列的负面影响。

三、真正的教育不是传授知识而是德,德者本也,才者末也

陶行知在改造中国教育中十分重注以平民主义为教育目的,以实验主义为教育方法,晓庄实验乡村师范学校本身就是一种实验,所使用的方法是陶行知所主张的教育改进的基本方法。即便对于整个乡村改造,他也主张普遍使用实验的方法,他说:"中国地方广阔,民情各异,必须多立试验

中心，以资研究，方能推行无弊。若以一种方法施之全国，便难免削足适履之讥。"

陶行知到了晓庄以后，提出要为农民"烧心香"，他的穿着、语言、行为都明显与村民接近，并倡导学生要有一颗农民甘苦化的心，所使用的校歌《锄头舞歌》便是用当地民歌填词而成。学生们所跳的舞蹈也大多根据当地的舞蹈改编。这些都让陶行知的教育改进与乡村改造鲜活结合起来，深入扎根生机勃勃的乡村生活之中。

教育改革：让人民更幸福①

《规划纲要》颁布一周年了。一年来，人们问得最多的问题依然是：改什么？如何改？问为什么要改的人却很少。

事实上，只有每个人真正明白为什么要改革，才能成为自觉的改革者，才能彻底自知改什么和怎么改，而不需要向其他人求问。

《规划纲要》立意的教育改革就是要为人民更幸福而提供适合的教育服务。对于改什么的回答就只有一个标准：凡是阻碍人民实现幸福的教育观念、政策、制度、法规、做法，都需要改革，都要列为被改革的对象；凡是能增进人民幸福的教育理念、政策、制度、措施都需要提倡和推广。

无论是宏观政策，还是具体学校的微观管理，或是教学、评价、考试、招生，只需拿这把尺子一量，便能看出教育改革究竟需要改什么、要革什么、需要兴什么。如果不同的人用这把尺子所得出的判断不一致，则需要公开讨论，以达成的共识为准。

对于怎么改的问题，《规划纲要》公开征求意见的做法已经暗示了答案。具体来说，要由人民在切身体验的基础上作出判断，以人民的体验为体验，以人民之利害为利害，要看在多大程度上满足人的成长和发展，在多大程度上实现人民是教育的真正主人，减轻人民受教育的负担，实现人民通过教育成才的愿望。政府或教育管理者只有依据人民的意愿办教育，才能真正办成人民满意的教育，才能真正办成增进人民幸福的教育。

当今，教育要如何改革已经不是纯粹的专业问题，而是检验一个地方

---

① 原载于《光明日报》，2011 年 8 月 1 日。

政府、学校和教育工作者是否真的止于人民幸福。陶行知曾将乞讨兴学的武训精神归纳为"三无四有"：一无钱，二无靠山，三无学校教育。他所以能办三个义学是因为四个有：他有合于大众需要的宏愿；他有合于自己能力的办法；他有公私分明的廉洁；他有尽其在我坚持到底的决心。现今的教育工作者相对武训来说，"三无"已变为"三有"，如果尚不能切实推进教改，增进人民的幸福，那只能判断他们在"四有"方面出了问题，或干脆"四无"。

教育改革在不同地方不同方面出现进展不一的状况当然有多种原因，但最根本的在于要检视是否真的有上面的"四有"，是否切实紧紧依靠人民，是否最广泛地调动了人民的积极性、主动性、创造性，是否真能从人民中汲取智慧和力量。

有了真正为人民谋幸福的意愿作动力，任何艰巨的困难都可以在改革的进程中加以克服，就必然能找到适合当时当地教育改革的切实措施。正因为如此，政府及教育和教育管理部门在教育改革遇到困难时，就需要到人民之中，了解人民的教育需要。

实现人民幸福的教育，应能针对现实需要，何者应兴，何者应革，宜充分发表各方的意见，议而有决，决而能行。

实现人民幸福的教育，重要前提是教人做主人，因此这种教育改革的重要措施就是变被动应试的教育为主动创造的教育，将学生从标准答案中解放出来。

实现人民幸福的教育应维护好人民的权利，坚持教育为公，不以教育为任何小集团谋利益；推进教育公平，使弱势人群也能享受到教育的权利；坚守教育正义，不以侦探做教员，不使师生兼侦探，不在师生之间制造隔阂；维护教学自主，使学生打开眼睛看事实，有阅读自由，讨论自由，批评自由。

实现人民幸福的教育本身是多样性而非单一性的，社会对人才的需要也是多样的，必须把教育办到各尽所能，各学所需，各教所知，各扬其长，这样才能实现每个个体的幸福。

中国的教育改革在取得一些进展的同时绝不能沾沾自喜，因为还面临重重困难，改革困难，不改革更困难。在教育改革上，精神懈怠时要多倾听社会公众对教育改革的呼声和要求；在能力不足时要多发挥社会及教育专业人士的智慧；在脱离人民时，要清醒地意识到民众才是教育真正的主人；在出现消极腐败时，就需尽快公开规则、透明操作。

文化精神内存于我心 ①

各位同学,各位老师,各位朋友:

大家好!

今天要在美丽的清华紫光举办第八届文化作文大赛的总决赛,我这个没什么文化的人很向往。会议的主办人要我发言,我就盘点了一下自己脑子里关于文化的所有积累,生成了今天想讲的题目——文化精神内存于我心。

今天,我们所在的紫光有大道将至、紫气东来的寓意。这种寓意本身若不经过在场的各位的"心"去体验,依然只能是一种外在的存在。只有当大家用心去汲百年皇家园林之底蕴,采清华大学之灵气,养护并生成自己的灵性,砥砺文化思维,才能激活各自内心的文化精神,借助外部的"文化力",完善自己的文化人格。

在中国,说起文化,年纪稍大一点的人心情会比较复杂,我今天的心情也比较复杂。在过去的一百年里,中国发生了三件与文化相关的事。第一件事就是"新文化运动"。现在的年轻人大都只知道"五四运动",却不知道"五四运动"的母亲"新文化运动"。它的主要内容包括白话文、新青年、新教育,民主与科学是它的归止。一百年了,这样一种文化依然未能真正普及到普罗大众之中。

第二件事就是"文化大革命",人们把它称为"十年浩劫"。

第三件事就是当下正在进行的文化体制改革,这方面中央的文件已经说

---

① 在第八届文化作文大赛总决赛现场的讲话。

得很清楚了。

近30年来，我一直在社会基层和学校作调查，有一种沉重的感觉，就是经济发展了，各方面的建设增加了，文化却更加贫乏。最为典型的例子就是校舍建好了，学校却越来越没有文化了。学校里有的仅是考试、分数、大楼、操场。你问这个学校有多长历史了，几乎90%的人答不上来；你问这所学校的办学理念是什么，同样没人回答得清楚；你问这所学校历史上有哪些值得尊敬的教师，更没有多少人能说清楚。我们的文化已经荒凉得不能再荒凉了。

文化学者朱大可提出"我们需要另一次'新文化运动'"，能否兴起这样的运动当然不是一两个人说了就可以的，但从重视文化角度看这一说法是有其价值的。今天大家参加的文化作文大赛，正有着重拾文化的典雅与高贵，培养文化写作兴趣，提高文化素养，以养育学生文化人格为己任的旨趣。

大家在促进文化复兴的时候，又要深刻意识到文化是个十分复杂的存在，必须遵循文化发展的内在规律。本来我今天的讲题应该叫"文化精神内存于人心"，只是由于时下一些流行趋势使得我不得不用"我心"，因为不少人都把那个"人"当作抽象的存在，当作与己无关的"他人"，文化也就跟"我"没有关系了，那么我说的关于文化的一些道理便是要别人去做的，要别人去遵循的。一旦大家都这样想，文化就成为与所有人都没有关系的存在了，那样文化就变成了历史"神话"。

我讲"文化精神内存于我心"并非凭空而言，孟子就说：恻隐之心，人皆有之；羞恶之心，人皆有之；辞让之心，人皆有之；是非之心，人皆有之。他把这些称为"善端"。也就是说"仁""义""礼""智"这些文化精神的种子在每个人的内心都有，人们要做的就是给予适当的阳光雨露，让它们发育滋长出来，谭蘅君老师就是采用作文这种方式着力于熏陶学生的文化人格与文化良知，唤醒学生的文化自觉，让我们每个人心中的文化种子长出来。

谭老师还提出"文化教学"的理念，从教学原则、教学设计、教学过程、教学内容、教学结果和教师的文化性来推进教育文化化，重建前面提到的文化断层背景下教育自身的秩序。他重视文化的育人功能，提出了许多新的见解，如：用诗人的眼光看生活，让人浪漫而有激情；用生命的眼光看万物，让人善良而敬畏；用文化的眼光看世界，让人大气而尊贵。他主张让作文成为学生文化人格修炼的过程，唤醒每个人内存的文化情怀和文化精神，开放地吸纳人类数千年积淀的优秀文化，尽可能修炼出正果。

本次作文大赛主题被确定为"文言雅语"的回归，我以为是有道理的，清末思想家戴震说："经之至者，道也；所以明道者，其词也；所以成词者，字也，未有能外小学文字者也。由文字以通乎语言，由语言以通乎古圣贤之心志，譬之适堂坛之必循其阶，而不可以躐等。"五千年中华文化精髓主要是以"文言"为载体传承的，它用抑扬顿挫的平仄和简约的文字建筑起弹性包容的精神殿堂。它精致、典雅、浪漫、高贵、古色古香、言简意赅，从各种文化典籍之中我们可触摸人类历史中的大智大勇、融会了人间大喜大悲的济世情怀，窥见心灵的美丑。走进文言、走进古典，读之、思之、悟之、化之，你内心中的文化因子就能被唤醒，日积月累，冥冥之中自然充盈着博雅之气；品读如饴，你会发现文化典籍中凝聚了阳刚大气、浩然正气、铮铮骨气、儒雅风气、侠义爽气、红颜才气、诗人灵气、词人豪气、哲思匠气、军魂锐气……这些都是文化精神，也是内在的文化信仰。

文化作文要点燃每个人心中内存的文化精神，传承数千年文化之灵脉，以"文"化人，化解人之野性、兽欲、骄奢、媚俗、邪气、矫情、小气，提升人性，修炼心性，导向以求真、求善、求美为人格底色的民族性格。

然而，在高度发达的商品化社会里，将文化作为外部装裱的势力还不小，不惜巨资建设所谓的文化工程，发展文化产业，追求纸醉金迷的"精彩"，客观上造成对人的精神的腐蚀。人们在其中不仅难以自主，也难以据守心灵的安宁，精神的净土上已是物欲横流、权欲横行、红尘滚滚。脱离人的内心的文化产业化难免不像教育产业化那样，造成对文化精神的致命伤害。

正因为此，我们必须力争每个人做主人，做精神独立和自由的人，做自己心灵的主人，这样才有可能真正复兴文化。要在我们每个人的生活基础上，让心中内存的文化精神焕发出青春活力，而不能盲目追求文化的GDP，不能为满足外在需求而掏空心灵。这样才能使文化人格臻于完美，实现人品与文品的和谐统一。

冯友兰先生说人生有"自然境界""功利境界""道德境界""天地境界"，借用他的视角看，很多人一辈子都在功利境界徘徊，上升到道德境界已经十分不易，更难说天地境界。人品与文品的和谐统一乃是天地境界。一个人的人生境界势必制约他的写作境界，人品与文品的统一应是文化作文的基本原则之一，因此文化作文乃是以文化精神养育学生文化人格的一条路径。

如果大家都是自觉自愿走上这条道路的，就能凝聚起一股民间力量，以最朴素的方式担当起中国教育改革与品质提升的责任。这个责任的根基在"我"，而非他人，在于每个"我"心中内存的文化精神。

想明白了这些道理，就要虔诚地奉献每个"我"的文化精神，就要做坚守独立精神和自由思想的思想者，就要选定民主和科学作为文化精神的价值标准，就要彻底批判各种混淆视听的文化发展杂音和歪理邪说，去建造人类更恢宏的文化的大厦。或许大厦上没有留下每个"我"的名字，却能显示这个时代的良知和责任，洗刷前人曾经的愚昧造成的文化污渍。

预祝大会圆满成功，预祝各位同学内存的文化精神充分发挥，赛出水平。

谢谢大家！

农村寄宿校不仅仅是学习场所

自进入 21 世纪以来,一些地方将办寄宿学校当作提高学生居住分散的农村学校教育质量的一种模式,并在一定范围内推广。至今已经十余年,效果究竟如何?《经济参考报》发表的调查结果表明:建学校的钱要从牙缝里抠。

我也到一些地区的农村寄宿制学校作过调查,其中就包括到内蒙古某个曾经作为全国农村寄宿制学校先进典型的地区作调查。总体的印象是农村办寄宿制学校的准备还不充分,主要表现为以下方面。

首先,从当初办寄宿制学校可节省经费的出发点来说。事实证明,仅仅从硬件设施和教职员工的工资角度看,办寄宿制学校可以节省一些经费开支;但办寄宿制学校还需要合格的住宿条件、食堂卫生条件、校车和交通条件、娱乐和课余生活条件,以及上述各方面的安全保障,而农村中的绝大多数寄宿制学校不具备这些条件。若想办一所上述条件基本合格的农村寄宿制学校,所需的经费远比办若干所能容纳相同数量的学生就读的走读学校高,这与当初设想的可降低教育经费投入的期望正好相反。而且年龄越小的学生寄宿的经费成本越高,往往学校减少成本是以家庭增加支出为条件的,家庭没钱支出的时候就只能让孩子忍受,其后果是学生的身体健康、精神状况不良。对于这点当初乃至现今都没有充分估计。

其次,是对寄宿给学生以及学校生活带来的变化准备不足。不少寄宿制学校还是以走读制学校的方式办学,不断延长上课和自习时间,导致越来越多的学生厌学。由走读变为寄宿的主要变化有:时间上,更长的时间在学校,更短的时间在家;内容上,生活与学习的边界更加模糊;在人际关系上，与教师、同学在一起的时间加长，与父母、亲属、其他社会成员的交往减少。这些变化意味着学校不仅是学生的学习场地，也是生活场所。而不少寄宿制学校仍然只把自己当作学习场所，在时间安排上只有课表，没有生活计划，甚至为了提高考试分数，不断加重学生的课业负担。对学生课余生活和娱乐的安排严重不足，导致不少学生由于生活不丰富、生活问题解决不好而影响学习。

在这样的寄宿制学校里，一些学生感到最难消磨的是自己的"多余"时间，恰恰是这些"多余"时间容易出现各种问题，一些学生打架、斗殴甚至偷盗的坏习惯就是这样慢慢养成的，学校对此准备同样不充分。有些学校不从源头上思考和分析问题，为了防止出事一味实行军事化、半军事化管理，养成学生听话、被动型人格。这样狭窄的生活体验限制了学生的成长发展。

所以，农村寄宿制学校不能只是提供住宿条件、满足学生休息的需要，不能仅仅以"不出事"为准则，只重视学生的人身安全。更重要的任务是帮助学生学会生活，培养孩子独立生活的能力；要为学生提供爱的关照，弥补和满足因为离开家庭而减少的关爱。这方面可以采取的措施有：建立比班级更小的组织，增加人际交流，让老师有机会关注每一名学生。在教学实践上，以"小"体现个性化教育，小班教学，小组探究式学习，小模块精细化管理；在宿舍里，每间宿舍就如同一个小家庭，个人担当一定的角色，学会尊重和理解。唯有如此才能帮助寄宿学生健康快乐成长。

突破薄弱环节，实现民众希望

长期以来，中国学前教育的发展一直是整个教育体系最薄弱的一环，"入园难、入园贵"的声音不绝于耳，子女入园难成了一种"民怨"。2010年发布的《规划纲要》，针对学前教育的"短板"现状，提出了基本普及学前教育的目标，明确了政府主导、社会参与、公办民办并举的办园体制，明确了重点发展农村学前教育的发展策略。一时间，学前教育成为新闻价值较高的教育热点问题，也成为全社会关注的焦点。

《规划纲要》颁布之后，如何落实，怎样落实成为全社会的关切。2010年11月2日时任总理温家宝深入北京的幼儿园进行调查，了解到学前教育贯彻《规划纲要》精神依然存在一系列具体问题，次日便主持召开国务院常务会议研究部署发展学前教育的政策措施，明确表示："办好学前教育是群众的希望，是政府的责任。"

会后，国务院先后发布"国五条""国十条"，把发展学前教育作为保障和改善民生的重要内容，按照公益性和普惠性的原则，坚持政府主导、社会参与、公办民办并举，破除体制机制障碍，建立覆盖城乡、布局合理的学前教育公共服务体系，保障适龄儿童接受基本的、有质量的学前教育，促进幼儿健康快乐成长。

简言之，就是各级政府要把发展学前教育当成自己的分内事儿，要把吸纳民间资源创办幼儿教育当成一件好事儿，要把建设好幼儿教师队伍当成重要的事儿，要把增加投入作为检验是否真正重视幼儿教育的关键事儿，突破一些长期困扰学前教育的老大难问题。

国务院的连续发文成为全国上下大力发展学前教育的动员令，也成为贯彻落实《规划纲要》的突破口。教育部成立了学前教育三年行动计划推进工作领导小组，并会同国家发改委启动"中西部农村学前教育推进工程试点"，中央财政也增加投入。各地普遍建立了政府分管领导牵头的学前教育联席会议制度，以县为单位编制了学前教育三年行动计划。部分地方学前教育事业经费接近同级教育事业经费的9%，落实幼儿教师的培养和地位提高措施，完善发展幼儿教育的政策法规。

一些长期关注幼儿教育的人们，用"春风到了，尚待化雨"形容幼儿教育的发展，中央及各地政府相继出台的一系列政策与措施使学前教育事业出现新气象；同时，学前教育的公平、质量，广覆盖、保基本依然有一段艰难的历程，幼儿教育的发展能否真正摆脱社会上长期以来形成的惯性思维和"运动情结"，学前教育的政策春风能否真正化作细雨，滋润学前教育事业健康稳健发展，都需要各方面继续坚持不懈地努力。

质疑也是科学调查的一部分

中国科协发布了第九次中国公民科学素质调查结果，显示2015年中国具备科学素质的公民比例已达6.20%，比2010年的3.27%提高了近一倍，中国公民科学素质总体水平大幅提升。这个消息一公布，就引来了不同的声音。

怀疑者的质疑主要围绕这个报告中的数据展开。其中包括：6.20%的真实性如何；2015年的调查所使用的标准与前8次是否一致（如不一致就无可比性）；调查结果是否为了迎合事先确定的"十二五"中国公民科学素质水平超过5%的目标而"掺水"；调查是否受到外界因素的干预；等等。

2010年的同类调查结果显示，中国具备基本科学素养的公民比例达到3.27%，比5年前的2005年的1.60%提高了1.67个百分点，比2007年的2.25%提高了1.02个百分点。而这次指标翻番，公众的怀疑是可以理解的。有关部门有责任对质疑予以回应。

联合国教科文组织于1993年和国际科学教育理事会提出"全民科学素质"概念是有其确定内涵的。最近几年来，中国确实有国民科学素质提升的各种条件，如大学毛入学率的增高、社会的进一步开放、互联网的普及等等；但同时也有一些长期制约国民科学素质提高的因素并未得以显著改善，如重视科学之用而缺乏科学精神，由于限制了批判和质疑，科学精神的具备更是难题。这些问题不解决，科学素养指标的迅速、大幅提高也并不能令人信服。

怀疑本身就是科学素质的重要组成部分。若真如怀疑者所质疑的那样，那就不只是公民的科学素质问题，而是调查者的科学态度问题或调查技术问题，也是对整个社会信任体系的挑战。因此，对这种质疑需要重视并理性应对，要拿得出有说服力的证据以及过程展示。

释疑需要实证。这样的实证，当然不能靠当事者来自我证明，因此，不妨引入第三方评价，让不从事科学普及，没有官方背景，也不需要参与公民科学素质提升规划制定的调查机构对公民科学素质作调查，用不同的调查结果作对比，让公众去鉴别哪家更准确。

现实中的难题是当下尚无这样的机构，而且一些部门还掌控了与此类调查相关的数据获取的权力，一些本应公开的数据部门特有和部门分割的现象依然存在，要进行第三方公民科学素质调查确实有难度。

但是，依据科学的准则和精神对待中国公民科学素质调查，本应该是基本的态度，也是一个大国常态发展所应具备的基本条件。我们需要创造条件让多家机构同时进行调查，以便相互监督和印证，获得更接近真实状况的结果。

PART 3

第三辑

何以抵达理想的教育

用人民满意量一量教育改革

早在 2008 年,全国人民对制定《规划纲要》就充满了期待,在征求意见期间,全国各地的人发来充满激情与企盼的见解。《规划纲要》确定了"办好人民满意的教育,建立人力资源强国"的指导思想,教育部也将此列为工作重点,当下值得一做的事就是拿人民的满意度量一量教育改革。

江苏省教育厅从 2010 年开始,对接受当年教育现代化建设水平评估的 15 个县(市、区)在组织材料评审、现场考察的基础上,全面进行了社会满意度调查。省教育厅委托第三方机构独立运作,精心设计调查方案。调查在重点了解民众对教育整体评价的同时,还针对社会关注的教育热点、重点和难点,对政府重视教育、教育均衡发展、优质资源需求、特殊群体教育状况、教师队伍素质、学生课业负担、成人培训等七个方面进行了分项调查与评价。调查结果显示,15 个县(市、区)民众对教育表示满意的占 74.4%。且不论这一结果的信度如何,这样的做事方式代表了未来发展教育的一个大方向,就是要让老百姓来评价对教育是否满意。

据了解,江苏省教育厅还将全面引入社会满意度调查,使之成为现代教育制度的重要内容之一,推动解决人民群众关心的教育热点、难点和实际问题,真正办好人民满意、政府放心的教育。

根据《中国教育报》的报道,《规划纲要》实施以来进展顺利、成效显著,教育改革发展开创新局面呈现新气象。支撑这一结论的首先是中央领导高度重视《规划纲要》贯彻落实工作,教育系统按照中央强调的"必须优先发展教育、必须坚持以人为本、必须坚持改革创新、必须促进教育公平、必须重视教育质量"的要求,全面落实《规划纲要》,推动教育事业科学发展。

具体表现为如下几个方面：一是各部门各单位支持教育形成了前所未有的强大合力。国务院成立了包括党政群系统20个部门在内的国家教育体制改革领导小组，成立了新中国教育史上第一个国家教育咨询委员会，对《规划纲要》各项任务进行科学分解，把目标任务分解到司局、具体到项目、落实到岗位、量化到个人。二是各级党委政府重视教育达到了前所未有的战略高度。全国31个省（自治区、直辖市）和新疆生产建设兵团先后召开了教育工作会议，党政一把手亲自出席会议并作讲话，大多数省份成立了教育改革领导小组或建立了议事协调机制。三是社会各界关心教育呈现出前所未有的良好氛围。教育部党组成员带队、《规划纲要》专家参与的宣讲团，分赴全国31个省（自治区、直辖市）和新疆生产建设兵团进行宣讲，先后举办了省部、厅局、高校领导干部以及中小学校负责人《规划纲要》专题研修班。总体来看，分歧少了、共识多了，争论少了、期待多了，社情民意正在向有利于推动教育事业科学发展的方向转变。

《规划纲要》颁布后，较多的民众将目光聚焦到教育体制改革试点和一些大中项目的实施上。一是国家教育体制改革试点全面启动。目前，425个改革试点全部启动。同时，对一些涉及基础性制度、较为复杂敏感、不适宜基层开展试点的改革，在系统设计基础上，研究确定了须由国家层面推进的20个重大教育改革项目。二是重大发展项目绝大部分启动实施。将《规划纲要》确定的10个重大项目细化为37个子项目，其中延续项目20个、新设项目17个。新增项目中，一类属于"雪中送炭"，主要针对民生，如推进农村学前教育发展、民族地区贫困地区农村小学生营养改善计划、普通高中家庭经济困难学生资助、边远艰苦地区学校教师周转房建设等；另一类属于提高质量的关键环节，如中职优质特色学校建设、拔尖创新人才培养实验计划等。三是专题规划和地方规划编制工作基本完成，形成了一套既有国家顶层设计又有各地因地制宜的立体式教育改革发展蓝图。四是实现4%的政策框架基本建立。

上述陈述显示出相关机关和部门积极工作的一面。然而，从各大网站的公众网络跟帖中还可以看到百姓对教育评价的另一面。

一是择校热高烧不退。择校已由"初升高"扩散到"小升初""幼升小"

甚至幼儿园的选择。择校的方式不断翻新，择校与反择校的拉锯战不断，择校费数额也在攀升，一般的地方也得3万到5万元，一些地方择校费高达30万甚至50万元，幼儿园收"赞助费"也是几万元不等。"择校费"人为制造了教育的不平等，高额的择校费，就像一道高高的门槛，把农村和城市贫困家庭的孩子，排斥在优质教育资源之外，成为他们人生路上第一道难以逾越的障碍。

二是随着各地采取发展学前教育的措施，"入园难、入园贵"有一定缓解，但民间对幼儿教育公平的呼声却依然密集。第一是反映幼儿园收费高，而当前收费用途并不公开。第二是幼儿教师待遇和工作量极不成比例，医疗、养老等方面问题无着落；民办幼儿园幼儿教师的人事关系不清晰，幼儿教师资格证与职称问题都未能妥善解决。第三是公办园与民办园的不平等，分别表现在政策、资金、教师待遇、招生及入学条件、办园许可证等方面。第四是对各地所提普惠内涵不明，普惠幼儿园将得到政府哪些方面的支持？村民能否申请办普惠幼儿园，民办幼儿园将如何变为普惠性幼儿园？第五是公益政策如何具体体现到城乡低保家庭子女、烈士子女、福利机构监护的儿童及残疾儿童、家庭经济困难幼儿及入读民办幼儿园的幼儿？第六是农村幼儿园很少，交通又不便，农村上幼儿园难的问题该如何解决，安全如何保障？第七是幼儿园大班额问题如何解决？不少大班达70～90人。第八是幼儿园小学化问题，娃儿实在太累了。

三是对高考招生制度改革的民意殷切。其中包括：各地招生指标不平衡；流动人员子女的流入地高考受到户籍限制；招生科考试制度如何更有利于人才成长；公众期待着切实的改革措施。

四是流动儿童和农村留守儿童群体受教育权利的保障问题依然突出，北京强行拆除打工子弟学校引发全社会关注。坚持以流入地政府管理为主、以全日制公办中小学为主的政策落实受到"五证齐全"等各种阻隔，进城务工人员子女与本市学生享有同等的义务教育政策在一些地方未能落实。

此外，还有学生的食品安全、交通安全、校内安全、学业负担等问题依然存在。公众对现代大学制度建设、政校分开、管办分离、教育去行政化、教育投入达到4%、高水平大学建设、清理并纠正各类歧视民办教育的政策等方面都抱有较高期待；对高端生源外流、义务教育均衡、职业教育发展、教师队伍状况、教育观和成才观、高校毕业生就业等方面则怀有忧虑。

简言之，教育改革离人民满意还有不小的距离，教育改革尚需努力。

教育要靠变革和质量赢

有记者打电话问我:"你怎么看中国顶尖的高中学生不参加中国的高考而直接上美国顶尖的大学？"我说这当然是好事。同时感到这句话应到表述为：人类顶尖的高中生进了人类顶尖的大学。

之所以说这是好事，理由有：一是学生能进入自己希望上的大学，避免发生赢在起跑线而输在终点的悲剧；人类顶尖的大学招到了所希望招的优秀学生，实现了优秀人才与优质教育资源的组合。二是能使中国长期形成的单一的教育评价标准变得具有多样性，这些顶尖大学的招生不仅仅看考试分数，还要考察学生的个性、公益心、合作能力。三是能够使中国的大中小学校更直接地看到自己与人类优质教育之间的差距，从而完善自己。

这位记者又反问了一句：这样将来中国优秀的顶尖人才不就流失了吗？

是的，中国教育如果安于现状，固步自封，就会使越来越多的顶尖人才流失。如果采取简单的阻止流动和学生自主选择教育机会的做法，只会造成学生个人和整个中国教育双重的损失；开放使中国教育获得提升的机会，改变这种被动局面的唯一路径就是教育自身进行自觉、自主、自为的变革，并努力提升质量。

正如温家宝所言：为什么社会上还有那么多人对教育有许多担心和意见？应该清醒地看到，我们的教育还不适应经济社会发展的要求，不适应国家对人才培养的要求。任继愈老先生90岁生日时，我给他送了一个花篮祝寿，他给我回了一封信，这不是感谢信，而是对教育的建议信。我坦率告诉大家，他对我国教育的现状有一种危机感，他尖锐地指出了教育存在的一些问题。我曾多次看望钱学森先生，向他汇报科技工作，他对科技没谈什么意见，他说我们做得都很好，他都赞成。然后，他转过话题就说，为什么现在我们的学校总是培养不出杰出人才？这句话他给我讲过五六遍。

当前中国教育问题的症结在哪里？其实很简单，学生难以成为学习的主人，教师也难以自主教学，因而师生都难以独立自主地思考，难以充分发挥自己的潜能和创造性。每个学生的学习不是为了自己更好地成长发展，每个教师也难以依据自己的判断决定如何进行教学。所有学生的学习都是以事先早已确定的标准答案相对应的分数为参照，而且每一个学生的分数不只与自己相关，而且与班级荣誉相关，与父母乃至全家的荣耀相关，与教师的等级和物质利益相关，与学校的社会声誉及切身利益相关，与学校所在地的各级行政部门的政绩相关，这种链式关系成为捆绑在学生和教师身上的锁链。而形成这样的链式关系的总因在于教育的过度行政化，学校沦陷为行政科层的复制品和附属物。

过度行政化违背了教育的本性，使教育宗旨屈从于行政管理目标；赋权外行领导管理内行；为兑现手中的权力丧失对规律的遵从与敬畏；威权充斥驱散自由信仰；居高临下窒息草根智慧；刻板教条阻碍集思广益。因此，政府转变职能刻不容缓，改变教育部办学、教育厅办学、教育局办学的格局，建立新型的政校关系，向学校赋权、向校长赋权、向社区赋权、向教师和学生赋权，使每个教育当事人都能自主使用自己应有的权利，都有条件担当自己应该担当的责任，才能正实现教育家办学，才能产生丰富多彩、各具特色的教育模式和教育文化，才能吸引人类顶尖人才自动选择接受这样的教育。

可以预言，中国教育若不能迅速变革现实，就无法从根本上阻止顶尖人才用脚投票的自主选择，中国流失的将不只是人才，而是变革的动力、希望和机会，久而久之，中国终将沦为人类顶尖人才的荒原。当务之急在勇于变革，变革之起点在于将学校从行政科层中解放出来，将师生从重重锁链中解放出来，创造自由的环境，让学生真正能够独立判断，学习他（她）想学的内容，并以最有利于他（她）成长的方式学习。学到的不仅仅是知识，而且学会动手，学会动脑，学会做事，学会思考，学会生存，学会做人。

事实上，自从鸦片战争后，世界上就不存在纯中国的教育。现今，寄希望于中国学生完全由中国学校培养，中国出生的人才仅仅为中国服务的想法都过于天真。现在每一所学校教育都在进行的工作是：培养未来世界未知环境中的未成年人。以人为本，以学生的成长和发展为本，将学生成长发展的需求作为教育教学工作的首要依据成为必须遵循的基本原则。

唯有以开放的心态、全球化的视野、专业的规则变革中国教育，中国长久的发展才不会失去根基。

开放是教育改革的重要动力

2010年出国留学热再度升温，担心中国人才大量失血和人口大量流失会影响中国未来发展的声音也随之拔高。

这种担心是有理由的，中国未来的发展不仅需要留住一大批精英人才，也需要留住较高素质的劳动力。如果大量的人在高中和本科阶段就在国外度过，当他们基本适应国外环境后，回来的可能性自然不大。

彻底消除这种担心的措施，是坚定地对现行教育和用人制度进行真正切实的改革。现今开放不仅是教育改革的必要环境和前提条件，还成为中国教育改革的重要动力，因为怕人才流失而不开放或缩小开放的想法或做法，不只是短视的，也会加速人才的外流，恶化人才成长发展环境。所以，在2010年7月14日的全国教育工作会议上，胡锦涛强调："教育事业发展的生机活力在改革开放，必须坚持继承和创新相结合，不断深化教育体制改革和教育教学改革。"

1981年，美国在中国举办托福考试，北京首次参考285人，1986年达18000人，2009年全国的考生直逼20万人；雅思考试后来居上，1987年在北京语言文化大学举行的雅思考试只有不到50人参考，2009年考生已经达到30万人。留学已经不仅仅是少数优秀学生到国外攻读研究生，从1978年到2009年底，30余年全国各类出国留学人员总数达到162万人，年均增长25.8%，规模扩大了267倍。

留学热度升高，既有多年留学热的积累效应，也是人们对教育改革信心不足的表现。面对这一现状，唯有通过真正的改革提振民众对教育的信心，而不能简单地关上开放之门。

事实上，经过60余年的发展和30余年的开放，普通民众越来越清晰地感到中国教育与整个世界教育相比较的差距，认识到改革比发展更为紧迫。而受多重因素的影响，改革总体上相对落后于公众对教育的期望和需求，当这种需求难以通过正常渠道尽快转变为教育改革措施的时候，自然出现了大家"用脚投票"的局面。

这种局面既是一种尴尬，更是一股强大的动力。正常的开放秩序，将会使这股动力传达到相应的教育领域和部门，以期发挥最佳的推动改革效应。

唯有进一步地开放，才能使各方面更清晰地感受到中国教育与世界其他国家教育之间的差距具体何在，差距究竟有多大；才能更加明确改善和提升的方向，找到改革的着力点。

相对于世界其他各国的学校，中国学校招收中国学生本来就已占有地利和成本低廉的优势，任何尚有一定理智的人都不会平白无故地舍弃这一优势，这也是中国学校与世界各国学校平等竞争的优势所在。但如果在拥有如此优势的条件下尚不能与世界其他国家的学校竞争，就说明差距已经足够大。令人担忧的是，中国政府和高等教育界还没有充分认识到中国教育和世界上最好的教育的巨大差距，还缺少充分积极的态度正确地认识和积极应对这种差距。恰恰因为如此，中国教育更需要加大开放力度。

唯有进一步地开放，才能使全社会以及中国教育界深切地认识到中国教育体制之弊。留学潮长时间快速扩张，绝非教育的某一个具体环节存在问题，而是有力地说明中国整个教育体系存在问题，过度行政化和强烈的应试导向是病根，教育与社会实际相脱离是病症，缺乏独立思考是病源。因此必须从体系上寻求解决方案。

唯有进一步地开放，才能使越来越多的人理性地看待出国留学，不把留学看成是提升孩子能力的灵丹妙药。客观地说，任何一种"热"，都有不理性的成分，消除的方法是让越来越多的人看到更加真实、全面的情况，获得更加全面的信息，这本身所需要的是开放而非闭锁。

唯有进一步地开放，才能不断深化对教育发展规律的认识。长期以来，依照行政指令办学在各级教育中成为普遍现象，对教育规律的忽视或违背屡见不鲜，以至于在不少教育工作者身上形成对教育规律的无意识状态。尊重教育规律，重新认识和进一步探究教育规律都需要进一步开放。

唯有进一步地开放，才能真正确立对中国教育的自信。不可否认，当前的留学热在一定程度上是由于一些人对中国教育不自信，而不自信是对各方面情况不完全了解的情况下产生的，要全面了解各方面情况，就必须进一步开放。

唯有进一步地开放，才能真正提高教育的品质。不少学生和家长汇入留学潮，就是因为中国现在的教育孩子压力太大，学的很多东西就为了考一次试，教育质量不尽如人意，教育体系与人的成长发展存在抵触。这种教育对孩子的终身发展非但无利，反而有害，因而不少人被逼走上出国留学之路。如果这种教学质量不尽快提升，将会导致更大范围的留学潮。解决这一问题的根本路径在于提升教育品质，而教育品质不能用关起门来自我举起的方式获得提升，需要加大开放与交流。

唯有进一步地开放，才能有效坚持以人为本，促进教育公平，保障公民依法享有受教育的权利。社会的进步提供给人们更多的学习方式的选择，越来越多的人放弃中国的高考，实现人类最优秀生源与最优秀大学资源的组合，这本身是保障最优秀学生受教育权利的最佳方式。

教育事业发展的生机活力在于充分发挥自由思想和科学精神的作用。无论是自由思想还是科学精神，都需要一个开放的环境才能得以充分发挥作用，这是决定教育需要进一步开放的最终逻辑依据。

教育改革关键在于变革体制

历经 60 余年发展，中国教育曲折前行，成就巨大，但仍存在一定问题。自 1985 年启动体制改革至今，教育改革渐入深水区，教育发展进入关键期。

教育改革必须基于现实问题和未来发展趋势生成梦想。全民的梦想是什么？是公平，是每个人的个性与潜能都获得充分发展的教育服务；是幸福，是追求生活幸福之路上的教育支持；是尊严，是在教育过程中感受到尊严并提供与人心灵互育的教育环境。

每个人的充分发展是以人为本原则下教育的最终目的，实现了这一目的，人力资源强国自然水到渠成，教育服务社会发展能力自然提高。教育改革当旨在满足人民群众日益增长的多样化教育需求，从教育上实现人民更加幸福、更有尊严的愿望。

改革必须超脱于部门、部分人群的利益。所有人群和机构都必须将全民的充分发展、民族复兴和国家的长远发展放在高于一切的位置，以遵从教育内在规律的专业标准界定社会各方在教育方面的责、权、利界限，并依法规范。

教育改革必须让教育回归到教育。教育原本不只是传播知识，更在于涵养个性，确立志向，产生信仰，孕育理想，生成自由思想，培养独立精神，增强合作意识，使学生追求真理做真人；教育原本在于提升个人涵养，启发自觉性，焕发创造力，养成合格公民，而非仅仅为地位、职业、文凭、学位、报酬、奖励的兑换券；教育原本在于人的成长发展，是社会追求公正、公平、平等、自由、民主的手段，而非直接的政治原则、政绩筹码、经济指标，更非商业机构或行政机构的复制品和附属品。

中国教育之病根在于，本该属于每位教育当事人的权利被剥夺，层层上收，学生难以成为真正的学习主人，教师难以成为教学的主角，以致千人一脑，千校一面，创新不显，人才难出。有好的教育体制才会出现教育家和杰出人才，中国能否持续发展很大程度上取决于能不能改革教育体制，激活社会活力。

教育改革必须以教育当事人乃至整个社会的思想解放为重要开端。思想不解放，虽施万策也难见显效；切实解放思想则犹如春风到了，就不必担心花儿不开，芽儿不发。教育不该培养"美德袋"或"知识框"，而应该培养主人翁、现代人；不该驯服，而当崇独立思考，尚民主自由，尊和谐法治。人的潜能与志向不同，需求与爱好自然有别，非独一家可以满足，而需要千万家各具特色的教育机构各扬其长、各育其才，故而必须放开办学权；教育精神非行政安排或类似企业管理所可充分发挥作用，而需仁人志士相聚共襄，故必须彻底消除国家或政府包揽教育的观念。政府当为而不有，立而不掺，公正执法，维护公平；对于学校，无论公办民办、大小高低、新老类别，均当平等相待，政策相同，投入相均，建立校际公平均衡的伦理基础，以形成多元共存、百花争艳、和谐平等的校际关系，则各类社会力量无须鼓励自然乐意兴办教育，民众多样化的教育需求自然能更好地满足。每个人做自己教育的主人，政府有责任维护每个人的教育自主权，而不应强求一律；政府有责任创设条件使人人皆能在其中作出适合自己的选择，全社会参与共建自主多样、适度竞争、优缺互补的教育发展良性生态。

教育改革关键在变革体制，遵从天性为是的原则，以学生的充分自主成长和发展为逻辑起点，以保护学生的好奇心与兴趣，维护学生学习的自主权为中心，彻底解构行政中心的教育权力结构，重建遵从儿童天性促其发展的教育管理和评价权力结构。教育的一切工作旨在为学生提供适合其个性潜能和志向的充分成长发展服务，教师、校长、行政管理人员、学校管理、教学、评价以及各级教育行政和社会组织莫不如此。学生成长发展的需求相对于教育工作者如同生命相对于医生和医疗管理，它是一切教育和管理的第一依据，也是教育改革的终极依据，更应成为教育权力结构形成的基础。在教育诸因素中，学生成长发展的需求最大，应像尊重生命那样尊重它的存在和差异性的特点，学校当围绕它设计课程，选配教师，确定评价标准，变革管理方式；学校当通过满足学生成长发展的需求去满足社会对教育的需求，从而提高教育服务社会的能力，而非相反；国家政府当遵此设置整个国家教育管理体系。数十年中国教育恰恰以行政权力为中心从相反的方向过度强调了政治经济对教育的需求，严重忽视了学生成长发展的实际需求，导致教育低效，培养不出杰出人才。所以当务之急在于重构全社会的教育权力结构，各级各类教育当据此更新观念，完善程序，变革体制；办学体制、投入机制、管理体制、评价机制更当据此而变。

教育首要的是应将学习的自主权还给学生，这是最为根本的减负措施，是其他各级放权的基础和前提；要将教学自主权还给教师，这是最有效的激发教师创造力的措施；要将办学自主权还给学校，这样学校才能有效组织教学；要放开学校主办权，这样才能最充分地调动全社会力量关心和支持教育，才能有效适当利用市场配置教育资源。

教育良性生态的建立，关键在于确立依法民主管理学校目标，并设计学校法人化路径、组织和程序保障，学校与政府间摒弃行政干预，以法律为依据，实行依法管理。学校有更大的办学自主权，就会自觉地明确责任，教育就会更好地适应社会和学生的需要；教育的集权程度越高，适应的灵活性越小。学校内部依据专业社团内部章程或条例，实行民主管理；学校负责人民主选举产生，并在履行职权时接受民主监督，校园因此将更和谐，教师尊重学生，校长尊重教师，更多优秀人才当更乐意从教；真正实现民主管理，学校就能自我反馈和自我纠错，形成一个良性循环，很多问题就能在校内解决，不会积累至越来越大。现行学校组织管理体制存在着与教育内在逻辑的冲突，教育的内在逻辑应该是：学生是学校的中心，满足学生成长和发展的需求是学校工作的目标，教师是学校的主角，教学是学校的中心工作，学校管理者是为师生教学服务的。而现行的学校管理体制事实上变成了以行政为中心，彻底解决这一关键问题学校才能回归以教学为中心，才能发挥教师的主导作用和学生的主体作用，才有可能具有教育家和杰出人才出现的体制条件。

建立专业评价体系是重构教育权力结构的重要组成，当立法保障独立第三方专业组织对教育机构和个人实施评价，政府的职责在于投入、管理与资源服务，管理以评价的结果为参照；学校的职责在于办，办者须依照法律和评价的结果不断改进完善。管评办相互分立，但皆接受公众监督，实行程序公开，阳光操作。

考试招生制度当打破全国统一，体现以人为本，确立多元标准，由考生自主选择；当注重活力，将考试与招生分离，将选择权还给学生和学校，让考生与招录学校犹如相亲，相互选择，相互了解，各取所爱，废除统一高考招生这一阻碍学校和学生之间相互深入了解的超强"媒婆"，降低考分这一实际上成为阻隔双方亲密的高墙的权重，分数仅作学校自主录取的参考。

要依据教育逻辑，接纳公众意愿，适当定位政府在教育改革和发展上的作用，政府在教育改革和发展上并非全能，也不能包办；要充分发挥社会各方面力量和机制在教育变革中的作用，形成学校和其他教育要素以及社会的良性互动。

教育行政化是教改的最大阻碍

自从《规划纲要》与公众见面后，本人先后到广东、内蒙古、四川等地调研，其间听到教育界同行及社会各界问得最多的问题是：教育改革究竟如何改？

绝大多数人提出这个问题背后包含着一个假设：教育改革，国家得给一个模板，各地遵命执行即可。因为这种假设违背了教育的内在规律，也就自然与《规划纲要》的基本精神背道而驰。考虑到长期以来教育上过度统一以及行政作用过强的现实，这可能是阻碍真正的教育改革的深层而又广泛的影响因素。

事实上，《规划纲要》贯穿始终的基本精神是"以人为本"和"科学发展"，把"育人为本"作为教育工作的根本要求，强调尊重教育规律和学生身心发展规律。

众所周知，不同的人潜能不同，不同的教师其能力和风格不同，不同的学校自身条件和所处环境不同。因此，以人为本的科学发展必然是个性化的发展，实现这种发展必然需要每个人找到真正适合自己的个性化教育之路，每所学校也走上适合自身的特色化之路。尽管这是一条相对来说比较长远的道路，但这是教育改革的大方向。

实际上，古代的教育就是以个别的方式进行的。工业革命后实行的班级授课制提高了教育的效率，虽然依然强调因材施教，但在中国长期实行的过度集中统一的教育管理体制下，学生各不相同的成长发展需求被严重忽视，以致有人讥讽"老师的本领太大了，把各不相同的孩子教得都一个样子了"。

新中国成立以来，在学习苏联的模式过程中客观上确立的"国家主义"

的教育观，成为此后一切教育政策和措施的基础以及日常教育行为的潜在意识引导。通过计划经济体制和行政科层体系，这一观念又得以固化，其政策效应在教育上的反映最为典型，即：涉及教育改革问题，主要沿用的是立足于非教育当事人立场，解构教育当事人主体性的方法。这种做法最终导致"教育改革"成了"教育被改革"。

1949年新建立的中国教育体制框架的主要特征，表现为高度的统一和集中。在办学体制上学校一律由政府拨款，国家包办；在管理体制上，实行中央统一集中领导。虽然地方也管理教育，但主要是执行中央的指令，自身管理的职责非常有限。教育行政部门对学校（特别是高等学校）实行直接指挥和管理；在教育制度和教育结构上高度集中统一化，按照计划经济、条块分割来培养各级各类人才和劳动力。这样的管理体制，加上统一评价标准、统一教科书、统一招生、统一分配等多项措施，使得千人一脑、千校一面，所有的人和学校都挤进华山路这一条路。

与这种体制相配套的教育价值取向，强调的教育目的是偏向社会取向的，排斥个人价值，或认为国家高于个人，个人为国家服务，将解构教育当事人的主体性作为解决教育问题的基本方式。这必然使得教育观有违个体主动积极发展和社会生态发展的基本原理，从本质上看不会真正有利于教育活动主体。现存教育体制中解决教育问题的办法，更看重从行政层面自上而下地解决问题，将学校定位为国家行政结构的底层，并通过自上而下的行政科层体系将不同的学校作轻重不同的定位。学校所需要做的就是听从上级行政机构指示，而不需要甚至不能进行独立思考，形成自己独特的办学理念，更不需要学校当事人自主地建设与创造。倡导养成师生服务、服从的精神，意在重视社会成功，忽视师生的内心体验和自主成长。

正因为意识到了当前教育制度存在的不足，这次制定《规划纲要》的过程中，温家宝多次强调：鼓励地方和学校大胆探索和试验，扩大办学自主权；要努力办好每一所学校，教好每一个学生。《规划纲要》强调教育改革要贯彻优先发展、育人为本、改革创新、促进公平、提高质量的方针；强调要以学生为主体，以教师为主导，充分调动学生学习的积极性、主动性，把促进学生成长成才作为学校一切工作的出发点和落脚点；要注重教育内涵发展，鼓励学校办出特色、办出水平。

教育发展有其特殊性和内在的逻辑。不能因为学校有新老大小、城乡类别、公办民办而分为三六九等；不能将潜能不同、考试分数不同的学生分成三六九等；不能对不同学校投入上分彼此，招生上分批次，政策上有轻重，遇到问题时有厚薄。而应从人的成长发展角度去考虑，让每个学生走上适合其潜能和志向的发展之路，让每所学校走上适合其条件和内在特质的自主发展之路，整体上形成每个人都能获得充分发展，不同学校百花争艳的适度竞争的良性教育生态。

培养人才、追求真理，是学校的两大社会职能，不同的学校履行这两大职能的途径和方式是有差异的，任何《规划纲要》都不可能将每所学校如何改革写清楚。《规划纲要》本身就好比是一个"闸门"。闸门打开，百舸争流，各地、各校、每位师生应依据《规划纲要》所确立的大方向、大方针，依据教育的规律和以人为本的原则自己去探索、去行动。

教育改革不是某个机构的事，而是整个社会的事，是所有"教育当事人"的事，因此，所有"教育当事人"都应探索出一条适合自己的教育改革之路。

教育改革需要更加明确的目标和路线图

纵观中国教育60多年的发展，决策的科学化和民主化是长期没有解决好的问题。这次《规划纲要》制定过程中采取了广泛征求意见的方式，这种方式背后包含着一个假定：教育是关系到所有国民的事，要满足各种不同人的需求；它本身又是很专业的工作，不能只是政府职员或行政部门说了算，或少数专业研究人员说了算；教育决策本身需要民主化、科学化，要广泛了解大众对教育的真实需求。这一原则和意识延续下去将十分有意义。此次的改革也许还不完善，但只要坚持和保留这样的问政于民、问需于民、问计于民的原则和意识，教育将会逐渐完善。

同时，改革的目标应该进一步明晰，这个目标应该是大多数人形成的共识，为社会公众所普遍认同，不应只是概念化的表述。教育体制改革的规则、措施、路径也应该进一步明晰，改革的具体路径，实际上从可操作性来讲还有很多地方值得推究，不明晰就难以切实贯彻施行。

简洁明确就能突出重点。这次改革应主要突出什么重点呢？我个人认为应该突出两个重点：第一个重点是公平。要实现全国范围内义务教育均衡，这是一个大的方面。第二个重点，我认为是管理体制。现在表面上有很多现象性的东西，有这样那样的问题，但是背后深层次的问题还是在管理体制上。所以一定要把这个问题更突出地提出来，使管理体制怎么改更明确，更有操作性，把它的目标表述得更明确，路径表述得更清晰。

教育体制改革是最难解决的问题，也是最急需解决的问题。体制改革主要指向管理体制和办学体制，它涉及教育以外的社会结构，也涉及各部门和群体间的权力和利益调整。数十年的历史表明这是一个最难解决的问题。

因此在这个问题上,所有人群和机构都必须将民族复兴和国家的长远发展放在高于一切的位置,任何组织和部门都不应以小理由阻碍这个大目标的实现。这方面温家宝已明确表示:"要实现教育的科学发展,必须进一步解放思想,敢于冲破传统观念和体制机制的束缚,树立现代办学理念,在人才培养、考试招生、办学体制、管理体制等方面进行大胆创新。"从我长期进行的实际调查和历史研究来看,教育改革的一个重要目标应是实现依法民主管理学校,建立教育家和杰出人才能够产生并且发挥作用的体制基础。

依法民主管理学校是什么意思呢?依法是从政府和学校的关系来说的,政府与学校之间的关系应以法律为依据,法律不禁止的行政部门就不能干涉学校的教育教学行为。中国实行了60多年的主要以行政手段管理学校,这样一种方式我觉得应该进行转变,转变为依法管理学校。什么叫民主管理学校?在学校内一定要民主管理,校长应该学校内部民主推选然后行政任命,并接受全校所有教职工的民主监督,这样才能把学校办好。依法民主管理学校是未来学校体制改革的基本目标。一直以来,有关学校绩效工资问题吵得非常激烈,老师和校长之间的关系弄得很僵,有一所学校实行了一个办法——校长和行政人员绩效工资拿全校平均数,所有矛盾都解决了。这位校长说:这样合理,学校办得好的方面有我校长的功劳,办得不好的方面有我校长的责任,学校里有一半老师拿得比校长高,大家都心服口服。细细分析这位校长的举措就会发现,他是从一个优秀教师上来的,他知道教师心理也知道怎么尊敬教师,校长和教师的关系就非常融洽。我举这个例子是想说明,如果管理上校内不能民主,要实现《规划纲要》提出的和谐校园就非常困难。

另外,还必须遵循教育的内在规律,其中有两条最为重要。

一是要以人为本。要注意重视具体的受教育者的实际需求,考虑到老百姓对教育的需求,满足人民群众的教育需求,用温家宝的话说就是"要让人民看到希望"。

以招生改革为例,招生怎么改革背后其实有一个精神,就是学校和学生之间要实现像谈恋爱那样,你喜爱我,我也喜爱你,要达到这样一个目标。过去几十年实行的是统一招生、统一分配,现在把统一分配这个问题解决了，你这个用人单位喜欢他，你们两个人谈得拢就聘用他。招生这个环节一直没有改，还是统一招生。现在统一的招生考试仅看到分数，这个分数实际上就是一堵墙，把大家都隔开了，学校看不到学生，学生也看不到学校，两者之间不知道相互需要什么。现在《规划纲要》当中提出六种模式，这些模式背后有一个基本的理念，就是尽可能地让学生和学校之间有更多的相互选择、相互了解。这样一来，学生进到学校以后，学校才能觉得这个学生好教；学生自己也感到进的是一个比较满意的学校。曾经有过一个调查，60%的学生对自己所进的学校不满意，对自己所修的专业不满意，必须解决这样一个问题。这是招生环节要贯彻的一个精神，要体现以人为本。

二是要科学发展。强调符合教育自身发展的规律，教育要适应社会发展要求，又适应人的发展需要。在基层学校有更大的办学自主权的前提下，教育就会更好地适应社会和学生的需要，更好地遵循教育的内在规律；教育的集权程度越高，这种适应的灵活性越小。这次《规划纲要》强调要扩大学校的办学自主权，学校要以教学为中心，发挥教师的主导作用和学生的主体作用，改变教育的行政化倾向。现行学校组织管理体制存在着与教育内在逻辑的冲突，教育的内在逻辑应该是：学生是学校的中心，满足学生成长和发展的需求是学校工作的目标，教师是学校的主角，教学是学校的中心工作，学校管理者是为师生教学服务的。而现行的学校管理体制事实上是以行政中心，必须彻底解决这一关键问题，才有可能有真正教育家和杰出人才出现的体制条件。

科学发展要实现发展方式由数量的增长转向更加注重品质，这是最关键的一点，教育发展应该是一种数量和品质兼顾的发展。在过去60多年的发展过程当中，有过一些波动，比如"大跃进"的时候，在数量上各级各类增长很快，1960年中国学校在数字上是最多的，但没有讲究品质和质量。所以，在未来很重要的一点是，实施《规划纲要》的时候一定要注意让数量是一个自然的增长，要把重点放在注重品质的发展上。

科学发展的要求还体现在如下几点。一是确立正确的学习观和人才观，学生本身要改变自己的学习观，不要认为只有进入到有形的学校才是学习，实际上整个人生就是学习。每个人一定要找到自己的潜能在哪里，自己的志向在哪里，根据自己的潜能和志向发展自己的才能，然后再去创造自己的一番业绩。而且在校的学习只是人生当中的一个基础的环节，每个人要改变自己的观念。二是办教育的要考虑受教育对象的承受能力，花费水平应该是教育对象能够承受的，现在很多学校学生上不起，很多学校办得与现在居民收入水平离得很远，差距很大，特别是农村的家长就承受不了。三是受教育者也要考虑自己应该选择一个什么样的教育。一个家庭经济条件比较好一点，花在子女教育上的钱可能多一些；另外一个家庭家庭条件差一些，相对来讲可能花在子女教育上的钱要少一点。是不是说花钱多的孩子收益就多呢？不一定，有可能花钱少的收益更大。从做学生角度来讲，就要选择适合自己能够承受的一种教育。

  教育改革还要注重实效。因此，要适当定位政府在教育改革和发展上的作用，不能期望过高，政府在教育改革和发展上不是全能的，也不能包办；要充分发挥社会各方面力量和机制在教育变革中的作用，形成学校和其他教育要素的良性生态环境。要正确处理好《规划纲要》与教育改革实践的关系，制定和实施《规划纲要》都是促进改革的措施，还有一些内容确实是需要改革的，但由于某种原因可能还写不到《规划纲要》里去，是否这些改革就不要进行了呢？所以，教育改革要充分发挥《规划纲要》的作用，但是不能唯《规划纲要》，而应该唯实，实际需要改革什么就改革什么，而非没有写进《规划纲要》的就不能改。

  《规划纲要》是中央政策层面出台的一个政策，实际上教育怎么去改革呢？我认为要靠在教育行业工作的所有人，以及与教育相关的其他行业所有的人，每一个人都有参与教育改革的机会，都能做出自己应该做的事，全社会都行动起来才能够推动教育改革。

中国大学革弊反正之道

2012年多家媒体报道,出国参加"洋高考"的学生的数量出现井喷势头,这无疑从一个方面折射出中国大学的困境。

中国大学并不像一些人想当然认为的那样,形势一派大好,而是到了最危险的时候。从内部而言,大学的职称继续贬值,行政职位继续升值;大学外部的认同问题更为严重,社会上越来越多的人对内地大学失去信任,越来越多的中产阶层开始通过移民,为子女创造接受海外教育的机会,不能移民的,正在通过"洋高考"接受海外教育。

可以说,中国大学在国际大学的竞争中,日渐被边缘化。导致此种困境的原因,一是大学价值迷失,二是适合真理探索和人才成长的大学制度未能建立。在我看来,大学走出困境的现实路径是要从"心"开放,依据大学的逻辑管理大学,让学人成为大学真正的主人。

一、中国高等教育正在自我边缘化

事实上,中国的大学从1950年开始脱离世界大学的主流,"文革"期间处于低谷。1981年后,随着思想解放,中国大学开始向正途回归。1985年在《中共中央关于教育体制改革的决定》的促动下,一些大学对管理体制实施了一些变革,中国大学进入一个相对良性发展阶段。

但是,这个过程后来被中断了。1991年以后,大学的行政化问题日益严重,更多地将大学定位为官僚机构或文凭工厂。一些高校和高等教育管理部门找到一种新模式,即以工程、项目、课题的方式管理大学。这种管理表面看来很有效率，但实际上，由于权柄直接被把持在行政部门（学校内部的行政部门或政府行政机关）手里，对大学构成严重损伤。

在1999年大扩招后，中国大学长期以外延发展、规模扩大掩盖了体制与内涵的问题。原有的大学内部的体制性问题不仅未能得到解决，还在"体大膘肥"的过程中变得越来越严重，越来越加深了，越来越难以医治了。

2008年，不少人将解决问题的期望寄托在《规划纲要》上。《规划纲要》虽然也提出了"去行政化"的问题，却没有阐明大学"行政化"的真实根源，自然也缺乏解决这一问题的切实可行的办法。之后，一些高校递交了改革试点的方案，但实践表明，除了复旦大学等少数大学有些举措外，这些改革大多仅仅是"书面改革"，甚而"报告旅行""文字游戏"，而切实推进改革的南方科技大学却一再遇到阻碍。简言之，中国高等教育在全人类高等教育中正处在自我边缘化过程之中。

我们看到，在各种活动中，即便是处长、科长，也位列教授之前；教授争夺各类行政职衔俨然成风，师生们更在意谁是什么"长"、什么"主任"、什么"书记"，而无心真正做学问，"裸教授"只能受到鄙夷。这股与大学价值相悖的风气使大学内部越来越多的人失去了对大学的认同，而将大学当作一个争权夺利的另类官场或商场。这导致了一系列怪现象：真伪难辨，公信力下降；钱权横行，能拿到科研经费的人比踏踏实实做研究的人更吃香；虚实不分，认真教学、专心科研的教师比不上头顶各种名誉的人；批判无力，老师都不能批评学生，也不能互相批评，更不能批评领导。

来自大学外部的认同问题更为严重。据教育部统计，从2007年到2010年四年间，出国留学人数从14万多增加到28万多。又据国际教育协会和美国国务院教育与文化事务局联合发布的报告数据，中国每学年被美国大学本科录取的学生由2006学年度到2007学年度的9988人，增加到2010学年度至2011学年度的56976人，翻了两番还多；本科生在中国赴美学生中的比例也从14.7%增加到36.2%。加上赴我国香港地区及境外其他国家上大学的学生数，相当于当年恢复高考时所有能考上大学的学生现在都流失了。这一现实表明，《规划纲要》颁布后，出国留学的趋势不但没有减缓反而迅速加剧，那些有见识或有一定财力的人显然对当前的大学改革已经失去信心。

大学的外部认同困境还包括，一些已经进入"985高校"的学生开始退学去考境外高校；一些已经进入北大、清华等高校的学生，仅仅以这些高校为跳板，以能远赴境外高校。

高等教育质量的提高和国家的发展息息相关，大学质量关系到国家和民族的未来与安危。生源是教育质量的首要决定因素，优秀生源大量流失，且有愈演愈烈之势，必然影响中国大学质量。如前文所说，中国大学到了最危险的时候。但是，最大的危险还在于，目前太多的人还没有意识到这种危险。

二、让大学回归追求真理

上述情况表明，中国高等教育的整体状况较之2005年10月所谓"钱学森之问"发出时，不仅未见好转，反而更加恶化了。在怎样培养科学技术发明创造人才上并未真正形成明确的共识，众多中国大学依然处在迷茫状态。

造成当前中国大学困境加剧的基本原因，是越来越多的普通人对大学应该是什么，认识得越来越清晰。而大学自身却依然受旧有体制、遗留观念的束缚，受到权力的腐蚀和绑架，难以自拔。公众对大学的认识和大学自身的决策者对大学的认识之间产生越来越大的反差。

中国大学要走出困境，首先就要走出迷茫，清醒地定位和认识自身。

从全球看，人类在几千年的发展历程中，对什么是大学、如何发展大学有着清晰的认识：大学本应承载三重价值——学人的精神家园，学业和职业的基础，成人的幸福基石。

然而，自1950年中国大学走上独特的发展道路后，对大学规律的认识是不清晰的，甚至有些力量妨碍正确认识大学的内在规律。不少人以为，听指示就能办好大学，遵照行政指令就能办好大学，于是，大学得不到很好的发展。走进现今各大学，动辄以能否取得国家课题来量人度己，各种各样的课题费多了，开始是人抢钱，接着是钱抢人，原本应去探求真理和求解社会问题的学人被各种各样的课题费（钱）淹没。即便某些人能耐住寂寞，不申请那些所谓的课题，也很难通过考评这一关。大学的官本位、商业化严重侵蚀着大学的灵魂。在这种情况下，那些要谋生活、求学位、求职称、养家糊口的人，不得不进入抢与被抢的怪圈，很难坐冷板凳。他们每年必须想办法发表几篇论文，而且还必须发表在所谓"核心刊物"上，必须申报和完成这样那样的课题，必须出版专著，才能得到这套规则的认可，才能评上职称。

心灵里充满了铜臭味，染上了官瘾、成天惦记着升官发财的人，还能安心办学吗？教育界的人士必须摆脱名利的束缚，跳出官本位，不和行政级别连襟，才能潜心做学问，探求真理，培养人才。可以说，独立思考、自由探索、追求真知、淡泊名利、甘于寂寞、潜心治学才是大学应有的精神取向。这一切，都要寄希望于改革现有的高等教育管理制度来予以改变。

三、依照大学的逻辑管理大学

在大学明确了追求真理和培养人才的价值取向后，还必须建立有利于真理探求和杰出人才成长的大学制度。

中国大学一边倒地学习苏联后，就将高等学校作为政府行政机构的一个分支加以管理，又在高校内部复制行政科层体系，从而建立起一个过度行政化的大学管理体系。据统计，目前全国约有1000多所公立大学，每一个大学都有正厅级、副厅级的校领导，加起来约有两万多人。这么多人不是教授选出来的，也不是学生选出来的，都是上级部门委任的行政官员。他们大多没有现代教育理念，对教育的规律懂得不多，常常只是对上负责，不对下负责，导致管理制度问题成为影响今天大学教育质量的核心问题。

现有大学管理的一个典型特征就是权力学术，它的一个基本假定是真理掌握在权力较大的人手中。于是，权力较大的人既管理大学，又做学问，报课题，还作为学问的评判者，控制着学术的话语权，成了权力通吃的学术皇上。改变这一体制的核心就是要还权于学，将本不该由行政把持的权力还给学人，让那些走在学识和探求真理前沿途中的人随时拥有话语权。这就是1985年《中共中央关于教育体制改革的决定》所说的"放权"，也是《规划纲要》所说的"去行政化"。核心是：大学面向社会，依法自主办学，实行民主与科学管理。事实表明，如果没有人真正愿意为国家和民族的发展担责,在这方面有所作为,大学就依然延续着扼杀个性和独立思考的运转,不具备创造性和建设性,永远无法实现让大学走出困境的目标。

扩大大学办学自主权是"还权于学"的重点,这包括学生学习的权利、教师研究与教学的权利、院系管理的权利和校长的权利,均贯彻以人为本、以学术为主导的法治和民主精神。如此,才能将大学作为大学,而非作为政府机关或商业机构来管理。行政为学术服务,而非行政凌驾于学术之上。这要通过建立现代大学制度得到保障和规范。

科学的大学管理应该将学生成长发展需求作为第一依据,将社会需求作为第二依据,要依照专业社团的方式,依据大学的特性和内在逻辑实施管理。

如此,现代大学制度应该依据人的成长和知识增殖的逻辑,即学术自由、教授治校、通才教育、学生自治;依据法律保障,授权与问责相结合,决策与执行相分离,使大学学人有责有权;依法民主管理学校,明晰高校与政府的法律关系,由大学来办大学,教育家办大学,而非政客办大学。

只是,上述现代大学制度的建构,并未有法律的足够支持。中国《高等教育法》第30条规定,大学的法人资格仅在民事活动中发生作用,对于高等学校与政府的法律关系并未明确。第32条至第38条规定的大学办学自主权事实上很难得到政府行政部门的尊重。

着眼于现实,建立现代大学制度不妨逐步做起,近期目标可以确定为:第一,打破计划体制,实现学校平等竞争(打破招生分批次,校长论级别,资源分配论关系的局面)。第二,转变政府职能,实现管评办分离,恢复高校的办学自主权。第三,保障学人(教育者和受教育者)的权利,完善校内的民主管理。第四,明确学校章程(条例),各校依章办学。要把学校建成知识分子真正可以安身立命的心灵家园,真正落实服务学生成长和发展的策略。建立现代大学制度,要有长远的发展计划和经历艰辛的准备。

四、从"心"开放

现在,还有不少人对现代大学制度怀有戒心。事实上,现代大学制度是人类经过几百年的探索、试错、博弈产生的，是人类文明的伟大成果，没有什么意识形态之分。因此，从思想理念开始的开放是中国大学走出困境的必经之路。

哈佛理念中有一条就是学校教学和管理是为了学生实现其使命服务的。如果想办一流大学，其办学宗旨必然是张扬个性、大胆思维、勇于探索、敢于创新、敢于质疑，鼓励独立思维，标新立异，不唯权威、不唯书本。而不是千方百计地去束缚学生思维，给学生戴上有色眼镜，划出太多的条条框框，培养唯唯诺诺失去个性的人。

开放是大学本原的特征，是大学的生存机制，是大学学人通向探求真理的途中最适宜的路径。前沿大学都在生源、教师来源、学派关系、思想表达等方面呈现出开放的特征。培养高级人才和探究高深学问不可能在一个局促的环境里成就，唯有精神意识开放，才能在讨论、批判过程中促成知识增量的产生，才能培养人的问题意识和开放的思路。另一方面，开放是大学发展中关键的免疫系统，它的存在和运行足以消解大学中各种危害学术的观念、制度、行为方式及其他妨碍本真、健康的学术增量产生的消极因素。只有依靠更大程度的开放，才能让伪知识、伪学问以及有违学术规范的行为原形毕露，无存身之地。

生源开放是起点，师资开放是关键，双向、平等、全面开放是目标，价值开放是最高境界，学术自由是保障，开放的微观体现是人际的包容。

首要的还是大学精神与理念的开放。从"心"开放是大学开放"先立乎其大"的选择。包容、融合世界上一切优秀教育文化和大学发展模式，是再造和创新未来大学发展的基础。此外，大学精神与理念开放需遵从大学发展的内在逻辑，要向大学学人责任与权利开放，立足于人类大学文化的积淀，超脱于权势和利益，由学人自主地沿着大学发展的轨迹迈进。大学作为人类社会发展的一种专业性社团组织，必须建立宽松的研究环境，让思想自由驰骋。每个学人都应勇于发起和接受挑战。每一位真理的探求者在真理面前都是纯真的而非世故的，是虔诚的而非虚伪的。

大学精神理念的开放，集中体现在社会和政府对大学师生在追求真理、增值知识、成就人才上的充分信任。社会和政府应相信，学人能通过共同体内在的准则，处理好内部以及学人与社会等其他组织的关系，不必用大学的外在价值束缚学人对大学核心价值的自主追求。

学人的精神独立，应立足于独立思考，而不是成为物质和世俗权势的奴仆，更无须对社会采取追赶、逢迎、讨好的态度。为此，大学管理中要多些自主权，少些行政命令；多些民主评议，少些"一长制"。大学学人成为大学的真正主人，成为以中西文化为基础的独立思想者，成为新思想、新知识、新方法、新材料的原创者，不再仅仅是打工者，尤其不应成为"搬运工"。

要寻求更有效率、更符合大学特征的、更为严谨的管理，主要依据学术逻辑而非行政逻辑或商业逻辑对大学实行管理。开放在于使学术规范畅行无阻，承认学术规范是天下的公器，不可私用，也不可为一部分人所用。

唯有变革才能改变留美预备学校的窘境

美国国家科学基金会完成的《美国大学博士学位获得者综合报告》显示，2006年度全美45596名博士来自清华大学571人，北京大学507人，加州大学伯克利分校427人，这是排在前三的大学；中国紧追而上的还有复旦大学和中国科技大学（163人）、南京大学（155人）、南开大学（147人）、上海交通大学（144人）、浙江大学、武汉大学。

若以国家和地区统计，中国大陆4236人，韩国1510人，印度1479人，中国台湾609人，加拿大533人，土耳其430人，日本240人，泰国217人，墨西哥201人，英国198人，罗马尼亚191人，俄罗斯183人，巴西157人。从第五位开始，许多国家留学人员的总数不及清华一所学校。

这使得严肃的世界级学术期刊《科学》也将清华、北大比作"最肥沃的美国博士培养基地"。

面对这样一种中国大学整体上成为留美预备学校的窘境，不能不承认这是人类大学生态的一种真实反映；也不能不想起对香港中文大学前任校长金耀基先生进行访谈时他所说的一句话："从现代性上说，北京大学与美国大学是同步的"。

从同步变为不同步的原因是什么？不同的人或许有不同的归因，经过20余年的实地调查和反复思考，只能认为大学制度的陈旧和大学精神的丢失是其中最为根本的原因。

内地高校行政化倾向比较严重，行政力量主导科研，学术研究的氛围往往会受到行政力量，尤其是官本位思想的损害。这也导致在大学精神上，追求权位、追求实用比追求真理与科学更有吸引力。这种价值取向和管理方式往往会表现在学生学位获得条件、科研成果考核、科研经费分配、科研项目管理等各个方面,这就让真正有志于搞科研的人很不适应。

制度设计较为先进的香港地区的大学便是一个较有力的证据。该调查表明香港大学、香港中文大学、香港科技大学三校总数仅为39人,而海峡对面的我国台湾地区除了台大没有一所大学的数量超过50人。同样,世界第二人口大国,也是向来被视为对美"出口"留学生较多的国家印度也仅有孟买大学(153人)、德里大学(105人)两所大学的"出口"超过百人。

该报告的另一组数据也证明了这一点:2000—2005年间,中国大陆(含香港)17763名留美学生获得博士学位后,倾向于继续留在美国的比例为全球之最。2000—2001年达91.4%,2002—2005年为90.4%。而同期所有非美国公民的博士中,倾向于留在美国的平均比例约为70%。全世界只有伊朗、保加利亚、罗马尼亚的调查数字与中国的接近。

中国政府正在力图迈进创新型国家,但这种全球大学的现实生态状况决定着中国实现这一目标的艰难,近几年的"两会"建议和提案也表明,高等教育管理为教育上提案最多的方面。

当今之计,唯有建立现代大学制度,弘扬大学精神,冲破重重阻力,变革现实,才能改变留美预备学校的窘境,才能开辟中国高等教育新的天地!

用行政问责推进教改

说到规范,人们较多地想到的是上级对下级的规范,较少想到:上级规范的依据是什么,以及这些规范是否合理?

这并不是一个凭空设计的问题。在某地调查的时候,就遇到这样一件事:当地分管教育的副区长是从教师岗位提拔上来的,不赞同依据学生的高考分数对教师进行奖励;而分管教育的副书记没有任何教育工作经历,他主张依据学生的考分对教师进行奖励,而且亲自出席表彰大会,在会上对所教学生获得高分的教师表彰后,提出下一年度要达到的重点率、一本率的更高奋斗目标,于是将全区的师生都绑上了与这位书记政绩相关的应试战车上。苦于是上一级的决定,这位副区长只能服从。

事实上,学生学习自主性空间被挤压与教育行政管理失范,是当前教育改革中遇到的一对尖锐矛盾。教育行政管理权限的过大和不当使用,导致学生自主性空间不断压缩而难以成为真正的学习主人,导致学生的学业负担过重,导致对学生的评价标准单一,导致本该属于师生的不少权利被学校剥夺、本该属于学校的权利又被上级行政部门剥夺。

为解决这一问题,山东省决定实施教育行政问责制度,对违反素质教育规定的学校根据情节轻重,给予"警告、通报批评、责令整改、撤销先进称号、取消评优资格、责令停止招生、吊销办学许可证"等处罚,并追究学校负责人责任。同时,对出现多次严重违规办学行为的县(市、区),将撤销或建议撤销其上级政府或有关部门已经颁发的各种教育荣誉称号;对已经被评估认定为山东省教育工作示范县(市、区)的,将按照程序给予警告,直至撤销其称号;同时追究教育行政部门负责人责任,直至追究当地党政负责人责任。此前，广东省也曾对全省21个地市党政"一把手"履行基础教育工作责任进行考核和问责。

虽然这种问责还仅是上级问责下级，还有不完善之处，但它开了一个非常有意义的先例，建立完善的教育行政问责制，应当是完善的教育制度必不可少的制度基础。

教育行政问责制是指对教育行政部门（或其委托授权组织）及其责任人履职情况进行合理性质询或责任追究的制度。它有利于提高教育官员的责任意识，为教育正常发展提供重要的制度保障。

回首60多年来中国的教育，如果说存在问题，那么最大的问题就出在教育行政管理部门，既有乱发指示乱发文的，也有部门及其官员的违法乱纪行为，还有导致重大教育事故的渎职失职，决策失误或政策执行不力，履行职责的缺位、越位，机关工作效能低下，官员能力不强，工作平庸等各种问题。现有县级教育局长就有60%没有教育工作经历，他们对教育的内在规律知之甚少，难免不出现问题。

建构教育行政问责制，就是要让专业的教育规则通行无阻，让管理权限受到有效的监督，让问题少发生，即使出现问题也能限制在最小的程度和范围之内。

谁来实施教育行政问责呢？当然包括上级行政管理机构，但事实说明仅有上级行政管理部门还不够，因为它仅仅是老子问责儿子的同体问责，在不少时候会出现护短的现象。依据公共服务管理理论和各国行政问责制实施的实际情况，问责主体还应该包括接受教育服务的公众，如学生、家长及社区成员；还有一个重要组成是教育专家，包括教育教学、评估和管理等各方面的专家，这些专家应当由与被问责方没有直接利害关系的人组成。公众和专家的问责称为异体问责，当前中国各行政部门缺少问责，尤其缺少的就是异体问责，以致问责力度太小，出了问题也无人负责。

现在各地也设置了教育督导部门，但由于其机构设置于教育局之内，只能督教，不能督政，由行政引发的教育问题在各地还不断发生，即便问责也随意性强，欠缺公正和说服力。因此要充分发挥人大、司法机关、专家以及家长、师生、媒体、公众等异体问责的作用，按照权责一致的原则，明确界定各级主管部门、各教育行政主体与教育行政部门及其下属单位（包括学校）、部门内部集体与个人的责任和权力范围，使问责具体对象进一步明确、具体。

教育行政问责还须遵循合理、合法的程序，而不能依据街谈巷议去问责；在目前相应的法规不健全的情况下，还需要不断探索和完善相应的程序，包括尽快制定《教育行政问责法》，以健全政务公开、确保广泛参与、保持程序完整、加强问责力度，真正建立以人为本的教育责权体制。

建构中国的教育行政问责制需要积极借鉴一般行政问责制的经验，更需要尊重教育规律，讲求问责的科学性与合理性。当前除了需要分清各教育管理主体的责任，以学生安全、教育公平、教育廉政等为问责重点，建立常态化的部门绩效评估与问责制度，还应对违反教育规律的教育行政行为、教育观和人才观明显错误的教育行政行为进行问责，这样才能有效保障学生的学习自主权、教师的教学自主权和校长的办学自主权。

广州亚运会开幕前一个月，网络上爆出了某工程师举报广州地铁3号线存在安全隐患的消息，引起全世界的关注。结果是广州市政府承认了自身的失误并启动了修补工程，广州市市长还公开表态，如果地铁工程不符合安全标准，绝不会投入使用，同时他还认为此事要听专家的意见。这才是对待公众问责的正确态度，教育行政部门也需要坦诚面对公众问责的勇气和态度，这本身是良好的教育不可缺少的重要组成。

2006年9月1日起施行的新修订的《义务教育法》即引入了问责制，各地与上述法律要求相违背的事件大量发生，然而却少有问责。积极推进教育问责制法制化、程序化，渐进式完善教育行政问责制，才是对中华民族未来负责的态度，中国教育才能走上成熟、理性之路，师生的天地才能更开阔，自主性和创造性才有可能得到更加充分的发挥，人力资源强国才有可能尽早到来。

兑现改革承诺才是改善教育的可行路径

十八届三中全会通过的《中共中央关于全面深化改革若干问题重大问题的决定》(以下简称《决定》)公布后,人们问我频次较高的问题是:《决定》中关于教育改革的承诺何时才能实现?

回想 1985 年颁布的《中共中央关于教育体制改革的决定》,几十年时间已经过去,有不少目标依然未能达到,关于教育的种种问题拷问着国人的内心。

这些问题是从哪里来的呢?公众有各种不同的说法,一些作专业研究的人也拿出各种论证和论据,似乎很专业,多数却只见树木,不见森林。事实上,这些问题的根源就在每个人身上,或者准确地说,就在于不少人把教育看偏了,并依照这种偏的方式去办教育,去选择教育,去评价教育……于是这种偏的教育就存在于现实当中,作用于每个人身上,相互传递。这种教育存在问题的程度取决于有多少人看偏它,以及这些人把教育看得如何偏。

举个例子加以说明:在古代,教育即弥漫于生活之中,几千年来依然没有改变,现代依然是如此。但自从有了学校,人们的观念逐渐改变,其中不少人认为只有学校里进行的学习活动才是教育,社会上就没有教育了;进而现今不少人认为只有备考和应试才是教育,学校就是带着学生准备考试的场所,甚至一些校外教育机构也围绕考试转,将能够让学生考高分作为自己的卖点。

天长日久,这些偏得离谱的看法不仅没有及时得到纠正,反倒还很流行,不少人从内心里或行动上依从它,既不质疑,也不改变,于是教育的问题就逐级增多、恶化。长此以往,就演变成当今问题积重难返的现实状况。

曾经，我们把教育当作政治，后来，我们又想当然地认为教育要为当地经济发展服务，或认为教育就是经济，使得一代人丢失了教育的真义，成为功利的追逐者，或"精致的利己主义者"。

那么什么才是教育呢？这个在不少古人已经弄得很明白的问题，现在却被模糊了，还是列举两条古代先贤的看法作参照吧。一条是《中庸》所言："天命之谓性，率性之谓道，修道之谓教。"简而言之，教育就是要让人的天性得到释放。另一条是："古之学者为己，今之学者为人。"意思是说，学习是为了自己的人格与修养的完善，而非装点给别人看的。这两条正好从教和学两个方面表达了教育应该是什么。

现实中流行的把教育看偏的情况很多：从个人角度看，仅仅将教育作为地位、职业、文凭、学位、报酬、奖励的兑换券；从学校角度看，教育就是给学生灌输知识，学校仅是关门备考的地方，不与社会来往，考得好就万事大吉；从政府角度看，教育首先是自己的政绩，是直接的政治原则、经济指标，或者实现另一目标的工具。还有一些人认为教育就是商业机构或行政机构的复制品和附属品。

如此多样交叉地看偏教育，使得教育的哪个方向都立着哈哈镜，怎么看都有问题，怎么看都不对。

人人都会遇到的与此相关的一个问题是，什么样的学校才是好学校？家长心中没底，社会上众说纷纭，教育部门的评价标准过于单一。于是有人跟风择校，认为能考高分的就是好学校，引发全社会的一波又一波"择校潮"，学区房、占坑班、择校费、辅导班、奥数热，屡禁不止。

一些人想当然地寄希望于出现一个神奇的政府政策去进行教育改革，改革之后的教育就好比倒掉了药渣的药罐，重新装进新药就完全变成另一种品味了。这种想法被历史证明是不可能实现的。现实的路径在于有越来越多的人把看偏的教育看正，然后通过他们的参与、评价、选择，逐渐改变教育。

简而言之，教育改革就是每个人尽一份责任让教育回归本原。

那么什么是教育的本原呢？爱因斯坦曾说："学校教育的目标始终应当是，青年人在离开学校时，是作为一个和谐的人，而不是作为一个专家。"一切教育活动都要以学生的发展为目的，不仅要考试分数高，还要身体素质好，学习有兴趣，自主性高，解决问题能力强，具有独立行动和独立思考能力，更重要的是要让学生有高尚的人格、远大的理想、自主生成的信仰，能把每件平凡的事情做好，成为一个与他人平等却又不平凡的人。

每个人得以充分发展是以人为本原则下的教育的最终目的。教育应旨在满足人民群众日益增长的多样化成长需求，实现人民更加幸福、更有尊严的愿望。教育原本不是灌输知识，而是确立志向、怀抱理想、产生信仰、生成自由思想、培养独立精神、增强合作意识，使学生追求真理做真人；教育原本在于提升个人涵养，启发自觉性，焕发创造力，养成合格公民；教育原本在于人的成长发展，是社会追求公正、公平、平等、自由、民主的手段。

当然，实现教育回归本原的责任首先应由教育的从业者和当事人担当起来，要明确学校教育与管理工作有三个重要依据：一是学生的天性和教育教学规律；二是社会对学校的需求；三是教育行政管理部门的要求。然而，当下不少学校只看教育行政部门的"红头文件"，甚至有些学校只看到上级的升学率评比的要求，对社会的需求置若罔闻，更不尊重学生的天性和教育教学规律，各项工作看起来轰轰烈烈，却难以说得上有质量，亲手把教育做偏了。

教育回归本原也不是短时间能达到的，有效的路径是靠每所学校去不断积累。时下不少学校"口号满天飞，理论随嘴吹；一年换三招，三年付流水"。不少学校的领导和教师都不知道自己学校的历史，不知道自己学校过去曾有哪些优秀教师和校长，他们的宝贵遗产是什么，丢失了学校发展的生命密码，也不知道如何继承过去的优良传统，或从过去发展的历史中汲取教训。于是办学校年年都是从头开始，年年喊改革创新口号，几年后回头一看，这所学校历史上比他们做得好的时段却有许多，当下却是不如往昔了。

十八届三中全会确定了教育改革大的方向，但要让改革成为现实，要靠每一个人付出很多艰苦的努力，需要我们从各个方面行动起来，共同参与改革，推进改革，让改革的阻力变得尽可能小、改革的动力变得尽可能大，只有这样才能真正实现改革。

首先需要做的是每个人改变自己，理想的教育模式是每个人自主选择和决定适合自己的教育，每个人都努力把自己做到最好，都要找到自己、发现自己，不要跟着大家跑。不要把教育当成跑步，大家应该都去"散步"，依据自己的意愿、自己的能力，确定行走的速度与方向，探索自己的教育道路。这才是真正健康的教育。

每个人都对教育改革承担了一份责任，要根据自己的独立思考去对待教育、选择教育，做与教育相关的事情。或许只有这样，才是改善教育的可行路径，才能兑现教育改革承诺。

解放出来，回归当下

2016年是陶行知诞辰125周年，逝世70周年。我自1981年开始学习陶行知、研读陶行知，曾任《陶行知全集》（川教版）专职编辑，其间大约有15年的时间专职从事陶行知研究。我想结合自己学习陶行知所从事的教育调查和改革实践，本着求整体、求准确、求真实，而不求标准化、不求形式的原则，着眼于未来教育与社会的改进，讨论几个当下的相关问题。

一、寻找原本真实的陶行知

历史学者顾颉刚先生曾提出"层累造史"理论，认为先秦的历史记载是一层一层地累积起来的，后人不断添加新材料，随着时间不断向后发展，历史记载不断向前延伸；随着时间的推移，对重要历史人物的描述越来越丰富，"传说中的中心人物愈放愈大"；研究者只能看到最早的史料对历史事件的反映，却不可能从中直接认识历史事件的真实状况。事实上，这一理论不只对古代史有一定的解释力，对近现代历史研究也很有参考意义，至少在本人直接经历的35年的陶行知研究中，"层累"现象在一定程度上存在，尤其是随着近些年不少对陶行知感兴趣却缺乏辨识能力、未能充分阅读陶行知原著的人参与陶行知研究活动，这一现象有愈发严重的倾向。

还原一个真实的陶行知在当下仍是一件很困难的事，主要原因在于功利的作用依然在一定范围内存在，刻板印象直接妨碍着人们还原真实的陶行知。

还原陶行知，需要从陶行知那里学些方法，就是要重视证据，把陶行知研究看成实证性的专业研究，不能凭感情海阔天空，一定要踏实做好史料甄别工作；要重视人文视野，不要简单把研究做成综合性文句汇编，要注意不违背陶行知的基本精神。当下陶行知研究存在的问题是，多数人不会使用这些工具，或使用这些工具不严谨，以致研究质量难以得到较大程度提升。

寻找原本的陶行知就要充分用好理性、专业的工具，要甄别陶行知传记材料，要大量阅读陶行知的原作，要充分运用史学理论，遵从史学的规则，有一份材料说一分话，有九分材料不说十分话，应该将他一生的思想言行作为确立其原貌和全貌的依据。

二、把陶行知解放出来

之所以要把陶行知解放出来，是因为有些人、有些学校或组织已经把陶行知关进各种观念、意识、行业、国别、时代等等分类里，反倒离他所终身服务的大众遥远了，偏离了陶行知所主张的川流不息的现代化的主流。

常常见到一些学校学习陶行知就是"唱陶歌，跳陶舞，造陶像，贴陶语"，而没有学到陶行知培养学生的生活力与创造力、改造社会的精神之类内涵本质性的内容。甚至一些人违背陶行知"儿童中心"的儿童观，编出"太阳就是陶行知"的儿歌让学生背诵。这些以非陶行知的观念绑架陶行知的做法不只基层学校有，一些打着陶行知名义活动的个人和组织也常常由于对陶行知的无知而大行其道。

在人格定位上，陶行知主张人人平等，做人中人，不做人上人，也不做人下人。如果只是给陶行知不停加冠封谥，运用"伟大"把他与众人隔开，用各种"典范"让众人感到无所适从，用各种"示范"让众人感到无所选择，用各种"先驱"让众人看不到前人和同侪又无信心学习，用各种"榜样"让众人觉得无法自主，用各种"大师"让众人只能自我菲薄，称之"样板"让人只能依样学样，而不能创造，忘记了陶行知所说的"仿我者死，创我者生"，再加上"卓越""巨人""丰碑"等赞美之词，则完全把陶行知推上神坛。

陶行知是杰出的，但这种把陶行知与大众拉开距离的做法是完全违背陶行知基本精神的。

作为教育家，陶行知主张拜人民为师，而不是被他人举得远远高出众人；他对师生关系有独特的理解，在一定程度上传承了戴震的观念，即主张以"亦师亦友"的方式相处，这也是他倡行平民教育、"艺友制"师范教育的理念依据。正因为如此领会，我从一开始学习陶行知起就一直以"亦师亦友"的准则与陶行知相处，站着研究和学习陶行知，而不是跪在陶行知面前学陶行知；以所了解到的现实教育问题与陶行知的文本反复对话、讨论，而不是将陶行知的话语当作不可更易的教条；与陶行知进行平等的心灵沟通，而非不折不扣地以他所言所行为圭臬。相信这也是当下众多人学习陶行知所应和所能奉持的态度，也只有众人以这种态度学习陶行知，陶行知才处在自由、解放的状态，才能为众人所接近，才会被人们感到可爱，才不会陷进少数人所设置的圈套里；众人也处于自由解放状态，陶行知的教育思想和精神才能成为众人人生成长和职业生涯中可用的资源。

那些忙不迭地给陶行知不停加冠封谥的人，至少打破了陶行知人人平等的为人准则，受世俗或传统等级观念驱使，或以仰视的方式让众人跟着仰视，而不能有其他选择；或把陶行知当作工具，让众人以自己的封谥为准绳。因为陶行知早已不在世了，这些封谥就成为现世的封谥者自扮"祭酒"的手段，若是这样，封谥者无疑是内心自居过高而傲视陶行知的。无论上述的哪种方式，都是对陶行知的一种亵渎。

陶行知本人有较强的批判精神，解放陶行知在一定程度上要运用批判精神和方法。要让有关陶行知的研究多一些理性，少一些激情迸发；多谈实际问题，少用空泛的概念和不着边际的赞语；多摆事实，少用口号，要逐个地对具体的判断进行翔实的论证，消解主观臆断的陈说，并且在理论探讨上有所突破。

真诚、平等地对待陶行知，并真诚、平等地对待现世中的每一个人，保持陶行知与大众之间平等自愿的学习关系，让陶行知保留可爱和可亲、可交往的本真状态，让学习活动成为每个人自主、自愿的选择，才是符合陶行知内在精神的学习陶行知，才是对陶行知以及现世的每个人的尊重和解放，也才不会播下龙种收获跳蚤。

解放陶行知要以对真实的陶行知准确认知为基础，不要主观臆想，不把陶行知装进自己主观意识的套子里。事实上，不少试图把陶行知装进自己的套子里的人的见识远比陶行知狭窄，以自己的思想不解放限制别人解放思想地学习陶行知，他们常以不顾事实地无限赞美陶行知，或把陶行知塑造得全能、高大上来掩盖自己的无知，然后再以自己狭小的套子限制别人对原本真实完整的陶行知的了解，私下塞进自己个人的东西替换原本陶行知思想。解放陶行知就需要突破这些人的思想和行为框框。

三、创设陶行知可以在当下生活的空间

整体地看陶行知思想可归纳为两点：一是做人，即他所倡导的做主人、真人、人中人、自立的人、抬头乐干的人、具有献身和创造精神的人、手脑相长和谐发展的人；二是创造理想的社会，即他倡导的民主、科学、富裕、爱满天下、平等互助、充满真善美的理想社会。这是他的人生目标，又是他的做人准则。这些思想与当今推进中国现代化，建设富强、民主、文明、和谐的社会是同向而行的。

若能创设陶行知在当下生活的空间，就会出现更多的当代"陶行知"，社会将会更美好。依据陶行知的思想、个性特征和人生目标，检视当下社会存在的问题，创设陶行知可以在当下生活的空间，主要需要创设以下社会环境：

创设人与人平等共生的社会环境。陶行知思想最基本的基础是做人中人的理念，足资今人作为思考人生、为人、处世、治国之参照。可是，由于它是对数千年中国传统的颠覆，也是每一个人需要经过心灵革命才能确立的观念，他想创立的理想社会也是对中国的传统和现实的改造。1931年，陶行知提出创建"五生世界"：少生；好生，即优生；厚生，即反对厚葬；贵生，即珍惜生命，反对任意杀戮；共生，即不同种族、不同文化、不同国别、不同肤色的人共同生存。共生还包括人类与各类生命物的共生，包含保护环境和可持续发展。因此"五生世界"的思想和理论对全人类的未来发展极有价值。他试图通过四通八达的教育创造四通八达的社会。直到今天，陶行知的理想远未实现，他所进行的"外在超越"远未失去现实意义。1946年7月

27日,《新华日报》发表题为《继承陶行知先生的精神》的社论,指出陶行知的生活教育理论"是适合中国国情,特别是适合劳苦大众需要的","基本精神,就是民族的、民主的、科学的、大众的教育"。

创设做真人获得积极认可的社会环境。陶行知以他深邃的思想、笃行的能力、勇于担当的道德勇气和美好的人格魅力而为世人景仰,他主张"千教万教教人求真,千学万学学做真人"。而现实当中,无论是在教育领域之内,还是在整个社会,真人常常碰壁,坦诚常被冷眼的现象并不鲜见;另一面,做假人、说假话、说套话,伪装起来反倒能获得好处,甚至多年的同事、熟人彼此间也不能说真话。这样的环境让陶行知式的人寸步难行。改变这种状况当然非一日之功,需要有越来越多的人对真人给以保护,对掩护假人的社会机制逐一拆除,让越来越多的人真诚起来。

创设激励创造的社会环境。陶行知强调教育体系必须是涵盖全社会人人、时时、处处的多元社会结构,阐明了教育体制、教育内容、教育方法都须适应变化、与时俱进,使教育贯彻人生始终、创造贯彻教育始终、社会创造力贯彻社会发展的始终,以培养新型人格。陶行知的创造不只针对自然,20世纪40年代他生命中最突出的主题就是民主与创造。他提出"创造的民主、民主的创造",把创造与民主联为一体,主张大众的、科学的生活教育必须以民主为始、以创造为果,试图建立起以民主、创造为内容的生活教育,将民主变为现实的生活方式。时下较多的人更注重的是创造的言辞,或享用创造的结果,却缺乏创造的精神和行动,缺乏思想,因而产生不出陶行知所追求的新价值。创造本身必然包含质疑、批判、否定,减少这些过程的难度就会有更多的创造。

走出高职专业设置的围城

高职院校是中国教育发展与改革中的产物。作为一种新的高等教育存在,它必然具有不同于普通高等院校的特征,这种不同的特征也表现在高职院校的专业设置上。作为高等院校的新成员,高职院校有没有生命力,关键要看它能否为一大批青年学子提供实现人生与职业理想的真实机会,并满足社会发展对教育的要求。专业设置是提供这种具体的机会和以具体形态满足社会发展要求的实现形式,从这个意义上说,专业设置是高职院校改革与发展中关涉其生命的一个关键所在。

一、高职院校专业设置中出现的一些短期行为

高职院校专业设置是这类院校发展中遇到的一个新问题,根据对一些高职院校的调查,面对这一新问题,确有一些学校进行了认真研究,做了细致、周密、有创造性的工作;而多数学校并未能深入细致地思考这一问题,其中一些学校还未意识到专业设置在学校建设中的重要性,以致在专业设置上出现一些不自觉的短期行为。其中有以下几类普遍性的表现。

1. 简单套用普通高校的模式设置专业

高职院校不同于过去办的精英教育,它的专业设置要更多地为学生考虑将来的就业问题;又不同于过去办的中专教育,只要求掌握一门专业技术,它定位于高等教育中的职业技术教育,培养技术型、应用型人才。教育部 2004 年公布的《普通高等学校高职高专教育指导性专业目录》已经考虑到这类学校与一般本科院校或中专学校的不同,各校在理解和实施这一专业目

录时，还应该依据各自的实际考虑到设计的细微具体不同之处。

2. 仅仅依据生源情况设置专业

什么专业能招到学生就设什么专业，这是不少学校都信奉的一条专业设置原则。这一原则本身确实在一定程度上反映了高职院校专业设置的内在规律性，然而这一原则的使用是有条件的。从学校方面来说，要在具备师资、课程、教学条件的基础上运用这一原则；从社会角度考虑，要验证这种生源宽裕的情况是一种理性选择的结果还是一种由于某种因素导致的从众心理所产生的结果（例如近些年的艺术专业）；还必须在一个相对长的时期里考虑这一专业设置是否符合本校发展的长期目标与规划。

3. 仅仅依据就业的情况设置专业

近年高校学生就业压力不断加大，使得包括高职高专在内的一些高校依据就业情况对校内的专业进行调整，这种调整本身是高校适应社会人才需求的一种明智的选择。然而当这种选择演变为一些学校仅仅依据就业情况走马灯似地变换专业时，便是违反教育内在本性的。这种现象在一些尚未形成自身明显的优势专业的学校中表现得比较明显。

由于存在上述问题，使得不少高职院校在专业设置上一方面出现急功近利的趋同现象，各校之间出现类似挤公交车那样的相互争抢；另一方面又随着不同年份热门专业的转换而频繁变换专业，大家都争着办快餐式的专业，各校自身缺乏特色，缺乏"百年老店"，这种状况既是一种资源浪费，也不利于学校的可持续发展。

简言之，各校根据自身条件与人力资源市场需求恰当设置专业是一条基本原则；但学校毕竟不同于工厂，理解和运用这条基本原则时应遵循学生发展、专业发展、学校发展的内在规律，从多个层面更为全面、更为长远地加以考虑。

二、高职院校专业设置的制约与限制因素

高职院校是在社会对人才的多样性需求在高等教育层面未得到满足的基础上产生的。高等教育的多层次发展说明某一类高等院校的发展受到的限制

与制约性因素在增多，这种限制与制约会作用于高职院校的各个方面，且尤为明显地作用于专业设置。

就专业设置而言，之所以出现上述所列的急功近利现象，多少与学校专业设置的决策者对这些制约与限制因素未能充分认识有关。新专业的设置必须具备专业教师、实验室训基地、教材、必要的经费投入等基本条件。在这些基本条件具备的前提下，这种制约与限制主要还表现在以下几个方面。

1. 生源特征

高职院校接收的生源是处在同期各类院校生源整体中的某一区段的，这一区段学生的学业基础、个人期望、兴趣爱好都具有某些特征，对于这些特征要结合学校自身实际加以细致分析。总体上看它是学校专业设置的重要前提和基础。具体分析起来它可能成为学校专业设置的限制，即使得某些专业在其他类学校可以设置，而在高职院校设置不起来或设置起来效果不好；又有可能使得高职院校在专业设置上具有自身的优势，即某些专业在其他类院校设置不起来但在高职院校可以设置并且可能形成特色。认识和发挥生源特征中的优势是高职院校专业设置的关键之一。

2. 质量优势

高职院校的专业设置可以选择"人无我有"，但多数学校只是在一两个专业上存在"人无我有"的优势，在多数专业上要靠在同样设置这一专业的所有学校中占有质量优势。当某一所学校在某一个专业上并不存在质量优势时，这个专业便成为这所学校发展的限制因素。一个劣势专业就是对学校的一个现实限制。

质量是高等教育的生命线。在现今高等教育迅速发展的情况下，尤其要重视质量，高等学校要像爱护自己的眼睛一样爱护质量。高职高专在专业设置上要依托并设法发挥自身在某些专业上的质量优势，果断抛弃其质量处于劣势的专业。只有这样高职院校才能使对自身构成限制的教育质量转化为专业设置上的质量优势。

3. 师资结构

师资结构是一个相对变化较小的因素，即任何一所高职院校都不可能在一两年中大量更换教师，或者使自己的师资状况发生巨大的变化。当然，学校可以考虑外聘教师，但外聘教师的来源和比例都会受到一定的限制。因此，高职院校的专业设置必须具有一定的稳定性才能保证专业的高质量和办学的高效益。

在专业的相对稳定与人力资源市场变幻莫测之间，难以在短时间发生变化的师资结构是学校设置新的专业或抛弃没有社会需求的已设专业的制约因素，高职院校只能在发展中逐渐降低直至消除这种限制。

4. 人力资源市场的细分

发达国家高等职业院校的创立都与产业发展对具有实践能力的技术人员的需求密切相关。如日本即从20世纪60年代开始将五年一贯制的职业技术教育正式纳入高等教育体系中，并于1961年颁布《高等专科学校设置基准》。产业的多样化发展是世界各国发展高职教育的动力，也使得高职教育在专业设置上接受人力资源市场细分后对这类学校的要求与限制。高职院校培养的是社会人才需求中相对狭窄的区域。超越这个区域设置专业或培养人才往往难以被人力资源市场所接受。

所以高职院校要深入研究自己所培养的学生在人力资源市场所对应的区域的边界和特征，并充分利用边界内的区域，依据其特征谋划自身的专业设置。

由上可见，各地高职高专院校在依据《普通高等学校高职高专教育指导性专业目录》设置专业或创设新的专业时，并非随意行为，而应开阔思路，以各高职高专院校健康持续发展为目标，形成适合自身的专业设置与发展规划。

三、高职院校专业设置的策略与思考

高职院校专业设置应该是一所学校发展的战略性思考，既是体现一所学校办学理念的长久战略，又是体现一所学校适应社会发展对人才需求的灵活性的计划。它的策略性主要体现在以下方面。

1. 以人为本

高职院校虽然不同于普通高校，但在培养和发展人这一点上是相同的。

专业设置上的以人为本就是设置一个专业必须以学生的发展、学生的能力与水平的提高、学生的职业与生活改善为根本目的。学校是否做到这一点，学生是有评判权的，因此学校的专业设定及其发展一定要有了解并采纳学生意见的渠道，高职院校的专业设置尤其要注意这一点。一方面依据学生的合理要求修改现有的专业设置、课程设置；另一方面学生可依据各自的人生目标、兴趣爱好、专业特长对学校设置的课程进行充分挑选。学校在刚刚开始时可能要对学生加以适当指导，但要将这种选择权最终交给学生。如果学生还不会用好自己的选择权，就说明这个学生还没有达到毕业的程度，还不能自信地走向社会，自主地生活。

不少学校在学校教育教学中提到"以人为本"，但这一原则没有很好地体现到专业设置上来。可以说，学校教育若不在专业设置上体现"以人为本"，就不是彻底的"以人为本"，而在专业设置上体现"以人为本"的根本在于学校所设置的专业确实能使学生通过这样的专业学习走上人生幸福与职业幸福之路。

2. 明确定位

高职院校作为中国高等教育的一种新类型，在专业设置上的定位尚不甚明晰，尤其是在攀比心理或利益驱动的作用下，一些学校有意无意的"高攀"行为影响了专业设置的定位。在这一点上要让理性主宰情感，既要看到学校间激烈竞争的形势，又要看到人才成长的内在规律。

高职院校要培养具有创造性的技术人才，人才的层次可以不同，但每个层次上的人才都必须有创造性。高职院校不必在层次上试图超越社会既有的设定，而在现实中不少学校还有意无意地朝着这个方面投入不少力量；但高职院校一定要保持自身的创造性，这种创造性最终表现为所培养人才的创造性，专业设置的创造性是实现这一目标的一个重要环节。

3. 品牌战略

高职院校既要看到自身与其他层次和类别的高等院校之间的竞争，又要看到各高职院校之间的竞争是激烈、严峻的。在这种竞争中，长久性、强有力的支撑便是自身有响亮品牌的专业，这一点与其他普通高等院校相同。所以高职院校在专业设置与发展上必须实施品牌战略。

高职院校在专业设置与发展上实施品牌战略的内涵，就是要逐渐形成一所学校相对于其他同类学校的某一专业的公认的明显优势，使该校的该专业与其他学校的同一专业具有更高的含金量。从这个意义上说，品牌战略首先要做好专业选择与设置；然后在此基础上做好专业建设工作。前者重在战略性考量与决策，后者重在扎实的措施与实行。

4. 找准依托

概括地讲，区域社会经济发展的需要是该地区高职院校专业设置的依托。然而对于某一所高职院校，它的依托又是具体的，其边界是微妙的，需要各校认真分析厘定，弄清其中哪些与本校的专业设置存在真实的内在关联，哪些只是表面相关。找到了真实的内在关联还必须依靠学校与各行业间适当沟通，才能使这种真实的内在关联具有现实性。中国原有的众多学校为行业办学，与各行业间存在历史联系。行业办学在学校管理制度上已经成为历史，但不可否认高职院校在办学过程中还要保持长期的行业依托。一所学校在明确了自身的行业依托后就要充分发挥和利用它，并努力拓展学校的专业设置域。

简言之，高职院校的专业设置的本质是寻找社会对特定区段的人力资源的需求，并将这种需求转换为适合个体发展的形式在学校中加以设定，再通过这种形式与设定体现学校鲜明的特色，显示学校的质量水平。高职院校必须在明了专业设置真实内涵的基础上运用好专业设置的战略来为确立学校的整体发展战略服务。

余家菊论乡村教育及国家主义乡村观的两难处境

20世纪二三十年代在中国兴起的乡村教育运动是一场纷繁复杂的运动，众多的人、众多的组织参与了这一运动，然而参与这一运动的人或组织对乡村教育问题的认识存在巨大的差距，从而造成不同的参与者参与这一运动的目的、所依据的理论、所选择的活动方式都存在巨大的差异。作为当时乡村教育运动众多的参与者之一，余家菊是一个值得加以关注和研究的个案。

依据对20世纪各个乡村教育流派的分析可以得出这样的结论：立足点决定着对问题的看法和观点，观点决定着解决问题的方式方法，方式方法决定着效果。这里也依据这样的逻辑与框架对余家菊乡村教育观进行分析。

一、余家菊与乡村教育运动

余家菊比较早地注意到乡村教育问题，他1919年冬便在《中华教育界》上发表《乡村教育之危机》一文。然而，此后这位乡村教育的早行者并未将主要精力用于乡村教育，更未像陶行知、梁漱溟、晏阳初、黄质夫等人那样深入乡村亲自开展乡村教育。

准确地说，在余家菊的内心深处和人生旅途中，乡村教育形成高潮的是1919—1922年。在这期间，除了前面提到的《乡村教育之危机》一文，他还分别于1920、1921、1922年发表了《乡村生活的彻底观察》《乡村教育运动的涵义与方向》《乡村教育的实际问题》，此后他就没有发表过以乡村教育为专门论题的文章。

1922年余家菊赴英国留学后，虽也偶尔关注乡村教育，试图了解分析世界各国的乡村教育状况，但并未将它放在工作与生活的重要位置。在1932年为中华书局编书的时候编著了《乡村教育通论》，他将视野所及的中外乡村教育资料、观点作了较为全面、系统的归集，并于1934年出版。该书旨在"以求能以学术的见地为系统的整个搜讨，能依据事实的需要为全盘的筹划，以学术的系统为骨干，以实际的办法为血脉，为事业家制图案，为研究者辟草案"[1]。显然编著者没有直接从事乡村教育的意向，也未将乡村教育在其生命中的位置提到1919—1922年期间的高度。

纵观余家菊与20世纪二三十年代的乡村教育运动，可以作如下描述：

余家菊既是乡村教育运动的早行者，又是乡村教育运动的早退者。当一些人还在执著地进行乡村教育（其中有些人一直坚持到20世纪40年代中后期，如鲁庭奎、黄质夫等人），余家菊的主要精力20世纪30年代中期以后就已经游离于乡村教育之外了。

余家菊对乡村教育的参与停留在一个相对较浅的层面。虽然他提出了改进乡村学校与乡村社会生活联系不密切、师范与乡村生活隔离的状况，设立乡村教育科，创立乡村实验学校，培养师范生服务乡村的精神等解决乡村教育问题的切实办法，但他既未深度参与当时组织发起乡村教育运动的中华教育改进社、中华职业教育社、平民教育促进会、乡村建设学院当中任何一个组织的活动，也未亲自到乡村去，到民间去实践他的建议和设想。他对乡村教育的讨论一直处于有理论、缺实践的状态，他一生主要从事的是政治活动，教育（包括乡村教育）除了在较短时期（如1919—1922年）成为他生活的主题，在大多数时间只是在关注政治问题时加以关注，或用来为政治问题作注解。

余家菊意识到中国乡村教育之病，也提出了一些治疗之方；却未冷静反思，另寻出路。他意识到学习外国"切勿徒学方法而昧其精神，致遗买椟还珠之诮"[2]，却未能务实到亲自去试验一下的程度。

余家菊与乡村教育运动的这种关系状况，在一定程度上决定着他的乡村

---

[1] 余家菊.乡村教育通论[M].上海：中华书局，1934：1.
[2] 同上：10.

教育观。

二、余家菊分析乡村教育问题的立足点

站在什么样的位置分析乡村教育问题是一个值得探讨的问题，在余家菊有关乡村教育的论述中，有一个相对来说分量较重、较为核心的概念——"救济"。例如：他认定"乡村教育已经破产了"，"若不设法救济，恐怕终究连识字的教育也没有了"，"乡村教育该怎样救"等。① 由此可见，余家菊关注乡村教育的目的在于"唤起人们对乡村教育的重视，以挽救乡村教育"，通过"改进乡村教育，以挽救乡村生活的危机"。② 这显然是一种站在乡村生活主体之外的非当事人定位。足以证实这种定位的依据还有以下几点。

一是自幼生长于乡村，对乡村生活有切身体验的余家菊对乡村教育的感受不是缺失感和不完善感，而是以一个不再属于农村人的知识分子身份，或以国家代言人的立场所感受到的"危险"，得出"地方多一个无教育的人，那个地方就多一份危险"③ 的结论。

二是余家菊对五四时期的民主科学思潮、新文化运动和平民教育运动产生的是观望感而非参与感，只看到"文化运动是偏枯的，局部的"④ 一面，看不到无论是民主科学，还是主张教育上人人平等的平民教育所蕴涵的深层久远的价值。

三是余家菊对乡村生活及教育危机的原因分析中也显示出其立足点与定位。他列举了乡村知识的缺乏、乡村教育的不振，尤其是他反复提到"乡人只知道家庭不知道社会、国家"，并将它当作劣根性，还有"乡民不安心农业涌向城市"，这种归因显然不会出自实际的乡村当事人。因为当时乡村实际生活主体所需要的知识和教育是当时的教育无法提供的，能力有限的乡人

---

① 余家菊.余家菊景陶先生教育论文集·上册[M].台北：慧炬出版社，1997：391.
② 闻洁.余家菊乡村教育思想述评[J].华中师范大学学报（人文社会科学版），2000（3）：35.
③ 余家菊.余家菊景陶先生教育论文集·下册[M].台北：慧炬出版社，1997：395.
④ 余家菊.余家菊景陶先生教育论文集·上册[M].台北：慧炬出版社，1997：384.

只能通过关注和解决家庭生活问题来构成社会的一分子,为了求生存又不得不涌向城市。因而余家菊不转换立足点,只需稍作些换位思考,就不会作出这样的归因。

四是他曾批评"喜欢从事乡村教育运动又不肯死心研究的人,不是由于不了解这种事的意义,就是由于没有干这种运动的真心"①。固然从事乡村教育运动而不研究是一种欠缺,同样喜欢研究而不直接从事乡村教育运动也不很完满,余氏的批评在一定程度上显示他偏重于研究的视角和立场。

与之相对比,陶行知则以乡村当事人的身份参与乡村教育活动并在此基础上进行研究。陶行知脱下长袍马褂,穿上布衣草鞋,始终以一个乡村教育当事人的身份参与乡村教育,这是陶氏与当时及现今众多乡村教育运动者或乡村教育研究者的重大区别,也是他所办的乡村教育充满活力、效力极高的重要原因。陶氏将当时置身乡村之外的乡村建设运动的倡导者及其观点分为七派:一是天使派,"好比是天使到地狱里来救苦救难";二是夫子派,"以为乡下人不懂事,要来教训他们";三是模范派,"到乡村来建一个新村,希望农人也照他的样子改一改";四是桃花源派,将乡村与都市、与世界隔离开来,"老死不相往来。他们只顾在乡村里工作,对于都市的生活,已是懒得与闻";五是绅士派,"拥护原有的绅士做乡村的主体,……结果是伸张绅权,摧残民权";六是济富派,"想用金钱救济农村破产";七是养猪派,他们也"提倡科学农业,也要改善农民生活。但他们的目的,是在多收点租"。②在陶行知的带领下,当年就出现了一批以乡村教育当事人为自我定位的实干家。

三、余家菊解决乡村教育问题的设想及其依据

全面分析余家菊的教育价值取向,不难发现1922年后逐渐形成了明确的国家主义倾向,虽然不能说1922年前他关于乡村教育的观点属于国家主

---

① 余家菊.余家菊景陶先生教育论文集·下册[M].台北:慧炬出版社,1997:426.
② 陶行知.陶行知全集·第三卷[M].成都:四川教育出版社,1991:561-563.

义，但就他主张教育是立国之本，以"教育建国"，主张以学校为重要场所和工具，统一思想与文化，以此"奠定国基""发扬国风""鼓铸国魂"来看，作为整体的教育观，其价值取向是国家主义的。

国家主义的教育理念的基本价值取向是：第一，在教育指导思想上注重国家观念的培育，尤其注重对学生进行爱国主义教育，以增强国家的凝聚力；第二，由于国家主义的目标定位是国家强大，国家对于教育发展的干预越来越大[1]。这一价值体现在乡村教育上就是乡村生活需要改造，改造的对象是乡村的"劣根"——宗法与血统，改变村民"仍处在宗法时代，血统观念使人民只知道有家庭，不知道有国家、社会"的状况，乡村教育的目的就是唤醒乡民的社会、国家意识。

依据这一价值取向，余家菊确立了他的乡村教育概念，他主要从地域上界定，认为乡村教育与都市教育相比较并无特殊内容，它是包含除都市教育外的一切教育在内的一种教育形式，对"乡村教育的研究为一种横断面的综合研究"[2]，这样界定乡村教育就看不到乡村教育主体对教育的特殊要求，于是乡村教育问题仅仅局限在政治和国家层面，缺乏乡村教育当事人的视角。这样分析问题就会得出不全面的结论，比如：当时乡村子弟多流向城市求学，的确是乡村教育落后的表现，同时也是乡村主体在当时状况下为满足自身教育需求所进行的自主选择，这种选择虽属无奈却不无裨益，而余家菊只是强调乡村教育是立国之本，基本否定教育是晋升的阶梯。当他看到武昌城里的学校"平均不到4名就有1名乡村学生"[3]时，首先想到的是立国之本不牢，而不是乡村人受教育的需求满足了多少。

余家菊对乡村百姓有权受教育的论证也是在国家主义的框架中进行的，他说："共和国的主权在于全体人民，所以全体人民都当受教育，国势才可蒸蒸日上"，"贫民子弟也是国家的国民，所以也不可不受教育"[4]。

有人将国家主义乡村教育的目标归结为，第一要培养"国民"，第二要

---

[1] 佛罗斯特.西方教育的历史和哲学基础[M].北京：华夏出版社，1987：554-555.
[2] 余家菊.乡村教育通论[M].上海：中华书局，1934：20.
[3] 余家菊.余家菊景陶先生教育论文集·上册[M].台北：慧炬出版社，1997：386.
[4] 余家菊.余家菊景陶先生教育论文集·下册[M].台北：慧炬出版社，1997：392-395.

培养"爱国的国民",第三要培养"以国家为前提之爱国国民"。余家菊一个曾经引起人们关注的观点是:"国家对于乡村教育,应特别注重,使乡村人民之知识日增,道德日高,技术日精,农产日多,生活随之丰富,以成一健全之国民。"这成为国家主义教育目标的典型论述之一。

依据国家主义价值取向,余家菊所强调的教育目的是偏向社会取向的,他认为"乡村教育运动乃所以救济社会的危机,直接是救济乡村的危机,间接就是救济全社会的危机"[①],他批评以往教育的根本错误在于重视个人成功,重视做官赚钱,而造成青年人怀抱高升的希望,此种心理不去,教育愈无出路。余家菊虽然并不绝对排斥个人的价值,但他认为国家高于个人,个人为国家服务"实为个人发展之必要途径"。

余家菊所提出的解决乡村教育问题的办法也能看到国家主义的痕迹,他更看重从行政层面自上而下地解决问题,将乡村定位为低层社会,所需要采取的措施是改造、改良、扩充,而非乡人自主地建设与创造,他倡导养成师范生服务乡村的精神,意在重视社会成功和事业的进步,改变他们一心想作伟人的错误理想,也是一个例证。

显然,余家菊解决乡村教育问题的理论依据是以国家主义价值取向为基础的。

四、两种立足点所持乡村教育观之比较

20世纪初的各种乡村教育流派可分为两大类:一类是以研究者、观察者、非当事人的身份;另一类是以当事人的身份研究并从事乡村教育。不能要求所有的乡村研究者都成为乡村当事人,也不能要求所有的乡村教育研究者成为乡村教育当事人,其中还有一些乡村教育当事人并非乡村教育的研究者。不同的乡村教育研究者看待乡村问题存在不同的出发点也属正常,但以乡村当事人的角度才能把乡村的问题看真、看准、看深,从而彻底加以解决。在此将两类乡村教育观进行对比,以显示其差异。

---

① 余家菊. 余家菊景陶先生教育论文集·下册[M]. 台北:慧炬出版社,1997:402.

一是从乡村教育的中心任务看。非当事人的观点是要对乡村教育进行"挽救""改造",使之不致成为危及社会安定的因素。站在当事人的立场看,乡村教育要为乡村当事人的生活和社会发展"造血"而非"抽血",要为乡村人造福。例如,陶行知将创造和提升乡村生活力当成乡村教育的中心任务。他反对使乡村越来越贫困的"分利"而不能"生利"的教育,主张乡村教育要让"荒山成林,叫瘠地长出五谷","看学校的标准……乃是学生生活力丰富不丰富"[1],看他们能否创造富的社会,能否将乡村造成福国天堂。

二是从乡村社会发展与乡村教育的关系看。乡村教育与乡村社会发展不相闻问的问题存在已久,两种观点持有者都明白乡村教育必须与乡村社会的建设密切联系的道理。立足于乡村教育当事人则主张:必须明确乡村教育要为创建更美好的社会服务,这个美好的社会应是包括乡村在内的整个社会,它能为尽可能多的个体留下幸福的生活体验。立足于非当事人则侧重从社会、国家发展的需要研究乡村教育,强调拯救乡村必须拯救乡村教育,乡村教育必须为乡村发展服务,余家菊倡导乡村教育的目的即在于"造成一种适合乡村生活的教育,使乡民安于乡居生活,挽救乡村危机"[2]。

三是从乡村教育与乡村当事人的关系看。立足于当事人则侧重从受教育者的权利、生产生活与成长需要、人生幸福的角度研究、论述并从事乡村教育,主张乡村教育问题的解决不能仅仅靠研究成果和文章,要靠实际教育实践行动,再好的理论与文章都替代不了实际行动。立足于非当事人则轻视甚至反对乡村当事人通过教育获得晋升或幸福的体验。可见前者的观点与当事人的利益在根本上是一致的,后者的观点则可能与当事人利益一致,也可能与当事人利益不一致甚至相对立。

四是从乡村与城市的关系看。在非当事人看来,现代化城市化成了乡村的目的,乡村成了城市的工具,教育客观上成了一台庞大的抽血机器,将乡村的血液——乡村的优质人力资源源源不断地抽到城里,抽到人类最大的

---

[1] 陶行知.陶行知全集·第一卷[M].成都:四川教育出版社,1991:101.
[2] 闻洁.余家菊乡村教育思想述评[J].华中师范大学学报:人文社会科学版,2000(3):37.

都市。政府、社会、包括教育行业的人们是高于乡村教育当事人的。立足于当事人的立场来看，政府、社会和教育行政部门都要为乡村教育当事人服务，主张尽快建立起城乡之间平等互利、相互哺育的和谐机制，他们既反对将城乡割裂开来，认为乡村教育就是乡村教育，与城市无关；又反对将城乡等同起来，认为乡村与城市是相同的社会，乡村教育与城市教育在内容与方式上一样办就可以了。主张乡村教育与城市教育必须在乡村社会与城市社会包括政治、经济、文化等各方面建立平等互利、相互哺育的和谐机制的大框架中找到自己的关系定位，必须尽快设法解决笼统城市化问题。例如，陶行知在城乡二元的社会背景下坚持乡村自主而非他主。他主张村民要有改造社会的精神，而不只是被动接受改造；他主张"小的村庄，要与大的世界沟通"，乡村教育在于"培养农人和农人的小孩子，把乡村创造成一个合理的人间"。① 乡村教育必须是农人和农人的小孩自主的，它的目的在于农人及其小孩的成长与发展，而不在于使乡村为城市服务，也不在于将乡下人简单地转化为城里人；因此乡村教育应有自主确定的标准。城乡之间是自主沟通的关系，而不是主次、中心边缘、目标与工具的关系。

五是从乡村政治与乡村教育的关系看。非当事人的观点将乡村教育作为乡村政治的手段和工具；站在当事人的立场，陶行知将乡村社会的民主建设与乡村教育当成一件事来办，立志改造中国乡村，并全身心地投入到乡村为农民"烧心香"，要把中国的农村变成"福国天堂"，具有"农民甘苦化"的内心世界。在他改造乡村的活动中，乡村民主建设是他一直关注的问题，他认为教育"要教农民自立、自治、自卫"，使村政成为"村民自有、自治、自享的活动"，② 在办晓庄时就曾以村民对水井的管理来开展民主试验，并在设法施行中形成了一套理论。

简言之，立足于乡村教育的非当事人，以国家主义为价值取向分析乡村教育问题，必然导致要通过解构乡村当事人的主体性来解决乡村教育问题。

---

① 陶行知.陶行知全集·第三卷[M].成都：四川教育出版社，1991：564-565
② 陶行知.陶行知全集·第一卷[M].成都：四川教育出版社，1991：101.

五、国家主义乡村教育观的两难处境

事实上,自 20 世纪 50 年代以后,中国对乡村教育乃至整个乡村问题的解决主要沿用的是立足于非乡村当事人,解构乡村当事人主体性的方法,这种做法以改造乡村社会为基本出发点,以乡村的机械化、现代化、工业化、城镇化为目标,它的基本假定是乡村的一切都是落后的,要将乡村带进一个更先进的生产与生活方式里。

国家主义乡村教育观所遇到的两难处境主要表现在以下几方面。

一是在乡村教育过程中如何应对乡村当事人的主体性需求。国家主义无论是以民族传统,还是以现代化、科学、文明等为话语内容,都是以忽视、贬低、解构乡村当事人的主体性为推进教育的方式的。

二是在统一运用教育权时,如何使国家统一集中的教育管理与民间教育需求不致发生冲突。国家主义教育观与教育的集权管理是相辅相成的,它不仅追求国家教育主权的独立完整,而求追求国家教育行政权力的高度集中统一,民间的教育内容、方式方法均遭到排斥。

三是将乡村教育完全视为国家工具就必然忽视乡村教育自身的内在规律。它采取行政的手段和方式方法来办教育、管理教育,注重从国家立场评价教育的业绩,忽视教育的专业性,不顾及遵从乡村教育发展的内在特性与规律,不顾及乡村教育当事人的切身体验与需求。这就使得这种乡村教育观的去乡村性思路有违社会生态发展的基本原理,难以受到乡村当事人的欢迎,亦不会真正有利于乡村生活主体。

国家主义乡村教育观遇到的困难也是当前中国乡村教育乃至整个乡村建设所遇到的困难。在现今关注乡村和乡村教育的人当中,也还能找到陶行知当年所描述的七种派别的人,他们与乡村及乡村教育或多或少以不同的方式有各种不同的利益关联,作为一种社会存在(其中不乏新生事物),也不必妄加评议。但这类个人与机构应该有个自我规范的尺度,即如何处理好乡村及乡村教育发展与自身发展的关系,如果是这些个人与机构都"发达"了,而乡村和乡村教育依旧贫困、落后,如何评定他们的功绩则会自有公论。因此从这一角度出发,一切关注乡村及乡村教育的机构与个人不只是在作研究,而需要有乡村当事人的视角，正确处理好自身与乡村及乡村教育的关系。

当前对于如何建设新农村，事实上也存在着诸多不同的观点。非当事人的国家定位或政府定位、或城市定位，解构乡村当事人的主体性的政府主体或知识者主体、或城市人主体是较长时期沿用的解决乡村教育乃至乡村问题的模式。陶行知曾以乡村当事人的身份参与乡村教育活动，将乡村社会的民主建设与乡村教育当成一件事来办，他既借鉴人类文明中相对先进的民主成果，又扎根于中国的实际生活，用实践批驳了农民愚昧无知不能施行民主，乡村太穷不能民主、民主不适合中国国情的论点。在城乡二元的社会背景下坚持乡村自主而非他主，并且将创造和提升乡村生活力当成乡村教育的中心任务，这样的特点使得陶行知进行的乡村教育在当时纷繁复杂的乡村教育运动中显示出独有的特色和强大的生命力。这一历史案例与前述对余家菊乡村教育观的分析对当今新农村建设有着十分重要的启示，它提醒人们思考以下问题：如何处理好乡村研究者与当事人的关系，乡村社会发展与乡村教育的关系，乡村与城市的关系。

以史为鉴，可以为当今的乡村建设、发展以及乡村教育提供一些有益的启示。

PART 4

第四辑

将"指挥棒"变成"服务器"

未来高考要以人为本

现行高考招生制度需要改革,已成为共识;如何改革,却众说纷纭。几乎每一个人都可以对高考招生制度改革发表自己的看法。而现实中寻找能够满足迫切需要而又切实可行的高考招生制度改革方案,如同骆驼穿针眼那样艰难。

多年来,人们已经提出各种各样的改革方案。时至今日,不能说高考招生制度改革的目标已经明晰了,事实上,站在不同立足点上,不同的人有不同的目标,有着不同的诉求。如果站在民族振兴和人类发展的高度,更好地体现以人为本自然成为高考招生制度改革的目标。

现有招生考试制度的出发点仅仅在于选拔,未将人才成长考虑在内;仅仅着眼于被选取者,基本不考虑未被选取者;仅仅考虑那些已经抓住"鱼"的人,基本不考虑"鱼"是如何抓到的,以及他们是否有持续抓"鱼"乃至抓到更大、更多的"鱼"的能力。这种选拔由于不能较好地体现人的成长和发展的内在规律,已经在较大程度和范围内损伤了大量人才的成长和发展,这是现行高考招生制度需要改革的最主要理由。

以人为本的高考招生制度关键体现于两个方面:一是以人的成长发展为本;二是以维护所有人的平等享受权利为本。这两点就成为实现高考招生制度改革的现实路径,实现前一点需要更多依靠专业的力量,实现后一点的方式是更大范围的公开。更为专业,更加公开,淡化乃至消除行政权力的干预才能真正使高考招生制度的改革走上正轨。

以人的成长为本,就必须以多元自主的标准选拔人才。个体的潜能是多样的,社会对人才的需求是多样的,人才成长和发展的模式也是多样的,高考招生的标准必须是多样的才能较好体现以人为本的原则；同时，任何一项制度设计都不可能完全符合所有人的特点，因此在设计制度时就要留出适当的自主选择空间，让学生与学校都有足够的权利进行自主的双向选择。

维护所有人平等地享受权利，就应该寻找并设计出对整个教育而非仅仅对被选拔出的个体有利的高考招生制度，使这一制度对所有人的成长和发展负责，对人的终身成长发展负责。

由此可见，高考招生制度改革缺少的不是方案，而是大智慧、大胸怀以及对所有人的真诚。

高招应从"指挥棒"变成"服务器"

因为决定着考生的最终"去向",招生模式比考试模式更为关键和重要,甚至可以说,招生决定着考试。

中国的科举考试事实上是选官考试,1950年后的统一高考招生,在很长时间内实质上也是选拔培养干部的考试。随着高等教育进入大众化阶段,高校毕业生就业问题日益突出,高校培养学生与社会人力资源需求严重脱节,现有高考招生制度的功能与职能错位及其相关问题更加突出。因此,须及时实现高考招生主体的变换,回归教育行业内的专业测试和学生选拔制度。

这一变革可简单概括为:将高考招生从"指挥棒"变为服务人才成长发展的"服务器",从现行以行政为主导的计划招生,转变为以专业为基础的自主招生,扩大学校和学生的选择权,以学生为本,建立自主、专业、透明、公正的考试招生制度。

将高考招生的功能定位于"服务器",就是要为培养独立思考、独立创造,具有创新精神、实践能力的人才服务,能与课程、管理、教学等资源配合,发挥服务不同人才成长的作用。

高考招生改革的理想境界就是让考生与高校之间"自由恋爱",在相互了解、自主判断、自主选择的基础上自愿结合。消除招生办这一强势"媒婆",形成平等、尊重、和谐、发展的生校关系,从而增强学生信心;让层次不同的高校通过自主的专业团队作出程序化的判断,招收到符合自己要求的最优秀的生源,从而在整体上形成分层分类的选择机制。

当下有高度共识的是,分数决定一切,一考定终身,是现行高考最大的弊端。相对于没有客观依据的推荐，看分数是进步；相对于全面的专业评价，仅看分数又是肤浅、粗放、落后的。以专业的方式评价学生，就不会由分数决定一切，就不会一考定终身。要让政府从招生主角上退出来，使考生与高校成为真正的主角，但目前，这种改革会遭遇重重障碍。

一是当下的社会依然是官本位的体制，政府管理体制和社会文化氛围镶嵌在严格的科层组织中，大学本身也是个官僚机构，未能建立规范的权力监督制度，人与人之间的诚信基础极为薄弱。在这种环境里要建立一套专业的、公开透明的考试招生体系确实相当有难度。政府能否从高考招生中退出，取决于政府管理体制改革是否顺利，政府放权能否到位。

二是专业团队能否及时顺利建立。改革后的招生需要极其专业的、大规模的专业团队参与，能否有足够的专业人员组成专业团队，能否建立并遵循专业的规范，能否严格依照专业的规则和程序履行职责，能否获得社会公众足够的信任度，也将考验着考试招生制度改革。

三是利益的障碍。高考招生制度改革既然以更加公平为目标，就必然会调整原来计划体制下的特权利益，使一些地区、部门和人士受到影响，因此会遭到这些方面的阻碍。

考试招生改革当下最大的困境是，在现有的框架内，需要现有体制中的人设计出一个改革自己的方案，等于向自己开刀。如果只是由教育部门制订、公布高考改革方案，再由教育部门来实施，恐怕会事与愿违。历史上，无论是废科举还是恢复高考，都不是教育部门自行设计和实施的。当没有明确谁来改革的时候，这场改革事实上还没有真正开始。如果还停留在指望教育部门制订高考招生改革方案，那就是高考改革的定位仍然不明，仍然未走出困境的表现。

教育部门应退出高招主体地位

实现考试招生改革的目标需要可行的路径,要从各因素的制约关系出发,选择时机,改必须改的内容。为此,需要对时下讨论的各种高招改革内容作以下分类。

属于边缘部分的改革:全国统考减少科目、不分文理科、外语等科目社会化考试一年多考、随迁子女就读地高考、推进职业院校分类招考或注册入学、招生指标分配等。这些内容政府发一个文件就能变,但无法从根本上解决当下高考招生制度的问题。

属于专业范畴的改革:推行普通高校基于统一高考和高中学业水平考试成绩的综合评价多元录取机制、科目改革、分值调整等。这些方面不能仅靠发文件,更需要行政权力让渡空间,让各大学和中学根据自身的办学定位,建立专业团队,自主探索,而社会考试机构则根据大学的招生要求,提供考试评价服务,学生可根据自己选择申请的学校的要求,自主选择参加哪些测试。

属于政府管理范畴的改革:建立招生和考试相对分离、学校依法自主招生、专业机构组织实施、政府宏观管理、社会参与监督的运行机制。它是与政府管理体制变革相关的重大举措,需要着眼于现实与长远,兼顾教育规律和社会发展的规律。

另外,对于时下争议较多的一些问题,也需要明确它们在改革进程中的位次。譬如,"分数面前,人人平等"这一高招录取的铁律是否要打破?真正的社会化考试何时进行?一年多考何时才能推进(这也必须在政府退出高考招生、不再集中录取后才能实质推行,否则最多从以前"一考定终身"变为"多考定终身",减少一次考试的偶然性,但却大大增加考试成本和考生负担)?何时能够实现学生与学校"多投多录,双向选择"的互选(背后依然是学校自主权和学生自主权的问题)?是否需要试点而后推广(在专业方面的改变需要试点,而政府简政放权需要的则是政府的智慧和决心)?

从改革次序上说,依据现有高考招生制度的病理和现状,要分清专业的和行政的问题,不要把个性化的专业问题搅和到整个招生制度改革层面来谈,而应把它们当作各地、各校专业招生团队的自主决定空间。所以,多方面的改革最后都会集中于政府做什么与如何做上,因此,目前急需改革的主要领域是:行政包揽、计划体制、集中录取。如果不从这三个方面进行改革,其他方面的所谓改革难有多大效果。对此也存在较大争议,主要有以下四种选择之争。

一是仅局限在考试改革,不改招生。自1990年来的历次改革,基本未在招生上进行过根本性的改革。这样的考试招生难以满足学生和学校的多样化需求,不是改革之上选。

二是选择既改考试,也改招生,但不改变政府在考试招生中的主体地位。这是时下不少人认为比较现实稳妥的改革,但这不符合中央"推进国家治理体系和治理能力现代化"的要求。

三是政府从考试和招生领域退出,把考试招生的权利还给学生和学校。这是政府在教育领域简政放权,回归服务型政府、监督型政府的体现。有人担心这样会一放就乱,其实只要有足够的空间让专业组织自主成长,同时加快法治、现代大学制度及大学内部专业招生团队的建设,就能避免混乱。

四是对考试、招生设计出一套完整系统的方案后,政府才从中退出。还有一些人认为,只有等到中国社会的诚信体系建立起来了、现代大学制度建立完善了,才能进行考试招生制度改革,否则只会导致更多、更大的招生腐败。这种担心不无道理。客观地说,从政府退出到专业的考试招生制度建立也需要较长的过程,但如果政府不退出,专业组织缺少自主成长和发展的空间,就难以成长,真正的变革就不会到来。

那么,当高校成为招生主体后,如何保障权力运行公平、公正?

一靠程序设计的专业。每个学校要在招生章程里明确招生程序和各种标准，尽可能排除一切非专业的干扰。二靠公开。学生通过什么途径进来的、各项考试和测试的成绩，以及所有不涉及隐私的信息都要公开。三靠明确责权边界。学校内部的招生要明确从学科到学院再到学校层级的招生权限和责任，建立内部相互监督制约的机制。四靠建立常规的外部监督。包括建立政府对高校招生的监督问责和招生违规举报查处制度，保障家长和考生行使监督权。

高考招生制度改革要放弃一步到位的目标设计，不要期望一个"总体方案"和若干个配套"实施意见"就能解决所有问题，而且这次改革本身就是从单一走向多样，从一统走向多元，不存在有一个机构能设计出全国各地、不同学校都适用的方案，只有抓住"牛鼻子"即体制改革，让教育部门首先从高考招生的主体地位中退出，让渡出自主开展改革试验的空间，才能牵一发而动全身。

高招的根本问题在于行政权力过大

《中共中央关于全面深化改革若干重大问题的决定》明确提出考试招生制度改革的大方向:"探索招生和考试相对分离、学生考试多次选择、学校依法自主招生、专业机构组织实施、政府宏观管理、社会参与监督的运行机制,从根本上解决一考定终身的弊端。"

此后,考试招生制度改革成为社会热议的话题,但整个讨论呈现泛化、散漫的趋势,譬如有人提出改某些课程的分值,有人建议改考试科目,有人认为学术与技术应分类招生,也有人指出要改招生方式,甚至改课程。一场主要问题、关键和目标不明确的改革,最终难有成效。所以,明确高考招生制度改革究竟由谁改,要改什么,需要解决什么问题,目标是什么,路径是什么,就显得十分必要。

据可查文献,对于现行高考招生制度提出改进意见始于 1982 年,30 多年来,高等学校的考试招生工作不断发生一些小变化,实质性的变革却未发生。

现有高考招生制度的问题究竟出在哪?依据对考试招生领域历史纵向演进的追踪,对各方面现实问题的综合分析,以及与世界其他国家的横向比较,得出的结论是:中国现有高考招生体制的根本性问题在于,行政权力僭越了专业职能,考试和招生完全由政府主导和实施,以非专业的方式统揽包办,导致高考招生过程既不专业,也难实现实质公平。

考试招生制度是整个社会管理体系的一个组成部分,由政府主导就必然要遵循政府管理的行政逻辑,从而缺乏专业性。政府多重角色集于一身,牢牢把控了高考招生的内容、标准、选择权,既当运动员,又当裁判员,专业力量在有限范围内辅助，专业性不强，只能依据单一的分数对个性和能力差异巨大的学生进行非专业的判定，导致不同地区间公平矛盾日益突出；招生以计划体制为基础，较少顾及学校和学生的需求，也不考虑区域人口和入学比率的变化。

所以，这样的考试是一种过于简单的非专业测试，比如将各科之间没有等值性的分数简单相加，并以这个总分为录取依据，将不同区域不同学校的学生分数进行简单比较，完全不考虑考生在何种条件下取得这一考分。

这种建立在"分数面前人人平等"基础上的招生，虽然能在一定程度上显示出形式公平，但由于不够专业、全面，难以实现真正的实质公平。它比较方便政府依据统一标准快速选拔适合某一条件的人才，却很难满足社会对人才的多样性需求，难以依据个人的天性和潜能真正培养多样性杰出人才。

考试标准高度统一，基本剥夺了师生和学校在高考招生中的建议权和选择权，以及专业发挥的空间。以单一的标准（考试分数）评价学生，拒绝多元自主的评价，其结果是学生臣服在考试面前、有求于录取机构，是被挑选者，而非自主展示、自主选择的主体，结果催生了强烈的应试行为，造成高考以下的所有学段狂热追求考试分数，忽视了人的个性、特点和全面发展。

用单一的标准衡量多样性的人才，大家都不是人才；以单一标准培养的标准件式的人才，又满足不了社会对人才的多样性需求。由此产生的后果是，这种高考招生制度越来越受质疑，以至于越来越多的考生选择远走他国，进而出现了SAT与中国高考争夺优秀生源的格局。这些年，大量考生选择弃考，在高考中不报名、报了名不考试、接到录取通知不上学的人数连年增加。

高校招生改革长期没有实质启动的另一个原因是目标不明。改革急需实现的关键目标是将高考招生的主体由政府归还给学生、学校和专业组织，政府由运动员转变为裁判员，担当好监督公平公正的职责，最终建立自主、专业、公开透明、公正的考试招生体系。

如果招生方式不改，特别是总分录取模式不改，高考的"劣根性"就永远不能消除。将考试招生的主体由政府还给学生和大中学校，将评价的自主权赋予独立第三方专业组织，应作为高考招生制度改革的首选目标。如果偏离这个中心目标，或不在这方面下功夫，这场改革最终会成为一场无效的折腾。

招生公平需要专业规则做堤防

自主招生经过世界很多国家的大量高校的反复实践，被证明是比较好的人才选拔和培养制度。在欧美一些教育发达国家，"自主"的"自"是指大学独立法人的"自"。招好学生是办好学校的起始环节，招生搞不好就意味着学校的一系列后续工作难以正常开展，所以这些学校往往会委派权威的专业人士招生，一般不会违反规则。

反观国内一些高校的自主招生，招生权力掌控在行政人员手中，原本是代表高校招生自主权的"自"，变为代表行政权力小圈子的"字"，他们在招生标准设定、自主选拔、面试环节任意而为，干预专业人员公正选拔，这就是自主招生在行政权力控制下被异化的基本模式。

在大学中，先进的自主招生制度的建立与现代大学制度的建立是相互伴随的。否则，行政权力就依然难以受到必要的约束。唯有真正建立了现代大学制度，才能让权力与责任相匹配，赋权与问责相制约，权力的运行才能真正阳光。

当下尚有一种误区，公众过度依赖上级监督下级。大量事例表明这是不靠谱的。早在2005年教育部就提出过"六公开"，2013年教育部再发文要求高招信息"十公开"，却依然难以阻止腐败者的脚步。

自主招生的健全制度体系一定要包括专业的健全的独立第三方监督体系。标印着"绝密"字样的试卷、由警方护卫考点、监控录像、全封闭阅卷，这些都还只是技术层面的措施。必须形成整个招生过程的系统环路，在理论构架和制度体系建设上不落后，并转换成一套系统可操作、可监督、可重复的专业规则，才能防堵从各个路径钻进来的"老鼠"，保障自主招生是一场公平的竞争。

真正的自主招生应该在专业的规则中运行,每个当事人都能够参与监督。这样的专业规则是公器,不论职位高低,大家都有平等的使用权利,也都应该共同遵守。

建立学生为本的考试招生制度

据可查文献,自从 1982 年起就有人对中国实行的统考统招的招生制度提出批评意见,最近几年批评日趋激烈。《中共中央关于全面深化改革若干重大问题的决定》(以下简称《决定》)明确了考试招生改革的方向,公众对为何要这样改尚存不解,因此有必要对其中的一些问题加以阐明。

一、全面深刻领会《决定》精神才能真正理解考试招生制度改革

考试招生制度为何要如此改革,不能仅仅看《决定》中有关教育或有关考试招生改革的那一小段文字,要领会它是实现发展成果更多、更公平惠及全体人民,加快社会事业改革,解决好人民最关心、最直接、最现实的利益问题,努力为社会提供多样化服务,更好满足人民需求的必要举措,要将《决定》的整个精神领会到位。

考试招生制度是建成富强、民主、文明、和谐的现代化国家和实现中华民族伟大复兴的必要条件之一;是坚持以人为本,尊重人民主体地位,发挥人的首创精神,促进人的全面发展的重要机制建设;是促进社会公平正义、增进人民福祉,进一步解放思想、解放和发展社会生产力、解放和增强社会活力,坚决破除各方面体制机制弊端的有效措施之一;是推动建设创新型国家,推动各项社会事业更有效率、更加公平、更可持续发展的基础性制度建设之一;是推进基本公共服务均等化,加快形成科学有效的社会治理体制,确保社会既充满活力又和谐有序的重要杠杆;是调整政府的自身职能定位,

进一步简政放权，切实转变政府职能，深化行政体制改革，创新行政管理方式，建设法治政府和服务型政府，推动公办事业单位与主管部门理顺关系和去行政化的内容之一；是形成系统完备、科学规范、运行有效的制度体系，使各方面制度更加成熟、更加定型的组成部分，对建立城乡间、区域间要素平等的社会也将发挥重要的作用。

在高等教育进入大众化阶段后，考试招生制度改革成为与民众切身利益密切相关的一项改革，与个人的发展和国家的发展都密不可分，具有重大的战略意义。

二、考试招生制度改革的目标

《决定》中关于考试招生制度改革最重大的信息有：一是将现在完全在政府手中的考试和招生分离出来，政府从招生主体地位中退出，学校成为招生主体；二是将现有行政主导的考试、招生转变为社会化的、专业主导的考试、招生。它是与政府管理体制变革相关的一项重大举措。

这一变革可简单概括为将考试招生从"指挥棒"变为服务人才成长发展的"服务器"，从现行以行政为主导的计划招生转变为以专业为基础的自主招生，学校和学生选择权都会扩大。简言之，就是要建立以学生为本，自主、专业、透明、公正的考试招生制度。自主，指学生和学校有更大自主选择空间；专业，即由专业团队实施，人员、程序专业化、精细化，行政和社会公众起监督作用；透明，即程序公开、可监督；公正，即所有人和学校一碗水端平。这样才能促进教育评价方式的转变，形成良性教育生态。

将考试招生的功能定位为"服务器"，就是要发挥服务人才成长的作用，能为不同人才的成长发展服务，能够服务于国家的发展战略，服从于人类发展的趋势，服务于建设富强、民主、文明、和谐社会发展的需要。

考试招生改革的理想境界就是让考生与高校之间多接触、多了解、"谈恋爱"，让高校与考生之间充分相互了解、自主判断、双向自主选择、自愿结合，更好地激发人的内在潜能，获得更好的发展，形成符合人才成长的正向逐级提升的良性循环。

这一改革也在调节国家发展需要和学生发展需要的关系，因为唯有学生得到充分发展，人才才能充足，国家才能强盛，创新型国家和人力资源强国才能建成。

三、考试招生制度改革的障碍和解决方式

为促进考试招生制度改革顺利进行，必须从以下方面着手。

首先要解放和丰富思想。思想是教育的第一资源，也是当下之教育严重缺乏的。长期以来，不思想、不能思想、不会思想是阻碍考试招生制度改革的原始力量，民间如此，政府也如此。考试招生制度改革假如没有思想或思想上有问题，其他方面必然不会健全，纯粹从技术层面分析问题和解决问题是不全面的，也是远远不够的。要让思想润滑考试招生的每个艰难环节。

其次就是要健全法制，没有健全的法制就不可能真正改革现有招生体制，政府放权、从招生主角位置上退出来，让考生与高校成为真正的主角就要落空。因此需要尽快颁布《考试法》，否则社会化的考试就缺少保障和依据，独立的第三方专业评价也很难开展。

对中华民族前途充满期望的人要肩负起改变的责任，将考试招生改革与学生发展、教师使命与国家战略合而为一，以积极的态度稳步前进，不走极端，不走过场，只有这样才能到达改革成功的彼岸。

独女高考加分政策似乎已过保质期

2015年,湖北省卫生计生委正式启动农村独生女高考(课程)加分工作,这一新闻惊动了各地考生和舆论。

之所以惊人,原因在于:教育部于2014年底发出《关于进一步减少和规范高考加分项目和分值的意见》,2015年1月1日起,取消奥赛等六项全国性鼓励类加分项目,只保留"烈士子女"等五类加分项目。各省也相应地作出政策变动,一些地方性加分政策减少了六成以上,有十几个省市全部取消地方加分项目。

据媒体报道,湖北省的农村独女高考加分政策从2009年起开始实施,2014年湖北省共有15862名农村独生女享受高考加分优惠政策,其中6509名在录取线边缘的农村独生女因高考加分而圆了大学梦,往年符合条件的农村独生女高考加分为10分。从享受加分的对象来说,该省要求为父母和本人均为农村户口,且父母领取了"独生子女父母光荣证"或"独生子女证"的农村独生女考生,显然这个群体确实是相对弱势人群,对她们的加分具有一定的合理性。而从实施的效果看,2014年湖北适合这项奖励政策的适龄农村独生女孩约5.5万人,实际享受到这一奖励的6509人,仅占约九分之一,覆盖面并不高。

同时,不能不注意的是,湖北省出台这一政策的时间是2009年,当时的全国高考加分政策体系给地方性加分留有较大空间。2015年则在这方面进行了较大调整,在新的加分政策体系下仍坚持五年前的政策显然值得商榷。同时,在这五年中计划生育政策也有所调整,农村独生女加分政策应该是对大约20年前计划生育政策造成的一些问题的补偿性措施,后来不少省份出台了"农村居民第一胎为女孩的可以生第二胎"的政策,在这一政策实施后,农村独生女仍享受加分就显得理由不充分。

湖北省给农村独生女加分的另一个理由,是针对重男轻女等传统生育观念所采取的关爱女孩行动。从这个角度看,也应是有时间限制的一个阶段性举措,如果在当地农村男女生义务教育入学率或完成率存在较大差距,在高考中给独生女加分可以说理由充足;反之,如果男女生入学率和完成率基本持平,还要在高考中给女生加分不只是理由不充分,还会造成新的不公平。

至于有人认为,给农村独生女加分是为了解决计划生育的问题,事实上过去十多年各地进行的加分实践已经证明,这种做法在原理上存在问题,在现实中也造成了混乱。政策加分的过度外溢必然使得加分缺乏专业性,损害育人和公平。现在已经到了收缩这些手段的时候,我认为,从计划生育角度实行的加分政策宜尽早取消。

与此前众多的加分政策实施过程相似,农村独生女高考加分横向上需要人口计生部门和公安、教育等部门协作,纵向上跨越省、县、乡、村各个层级,实施过程中各个环节仅能做到"见公章放行",难以做到深入、细致核实每个考生,不仅工作量大,还为权力运作留下灰色空间。因此,建立统筹各方面加分的专业、规范的程序是更优化的选择。

作为一个整体的加分政策设计,对符合加分条件的学生还是应该加以关照,比如这些农村独生女中的不少人与现行的对农村贫困地区的招生倾斜政策相重叠,可通过新的体系将她们纳入其中,而不必再以计划生育的名义。

取消鼓励类加分是给教育公平加分

2015年教育部原部长袁贵仁"两会"期间在接受记者采访时说:"今年全国加分政策鼓励类的全部取消,只保留一些扶持性政策,还有一些地方性加分政策减少了六成以上,有十几个省市全部取消地方加分项目。"

有人对此提出疑虑:高考加分问题虽多,但一下取消那么多的加分是否有点走极端?要说清这个问题,必须回到加分政策的源头。1950年5月,教育部《关于高等学校1950年度暑期招考新生的规定》提到:"有3年以上工龄的产业工人、参加工作3年以上的革命干部及革命军人、兄弟民族学生、华侨学生得从宽录取。"这是我国真正有加分照顾政策的第一份文件。在此后的60多年中,"从宽录取"先后变为"优先录取""试读录取""保送入学""推荐入学"等各种形式的照顾。1987年,我国开始对运动员降分录取,随后降分范围扩大到劳动模范、先进工作者等人群,2001年后不仅规定了降分投档的对象,还新出了加分政策,2004年后又将加分权下放到各省份。

近些年,各种加分作假行为频频曝光,引起社会各界普遍关注。部门间的利益交叉,已经使高考加分政策偏离了原本的方向。作假行为已经成为影响教育公平的"过街老鼠"。在此情况下,教育部于2014年底发出《关于进一步减少和规范高考加分项目和分值的意见》,2015年1月1日起,取消奥赛等六项全国性鼓励类加分项目,只保留"烈士子女"等五类加分项目。这个决定显然是理性的,对解决当下的加分混乱问题也是有利的。

60多年来,高考加分问题的政策演变表明,从带有主观意识到以维护所有社会成员的公平、公正为目标,是高校招生的大趋势。鼓励性加分存在客观依据不足,缺少公开透明度,进而损害高招公平、公正的问题。对此,教育部门多次重申坚决打击加分造假，配合有关部门予以严厉惩戒，但这些治标措施尚不足以解决问题，全国取消这类鼓励性加分，是不得不实行的治本之策。

全部取消鼓励类加分，表明教育部门在改革中不断前行，以切实、有效措施努力推进教育公平。我认为，总体来看，需要不断压缩行政权力对学生评价和选拔的操作空间，建立专业的评价制度体系，遵循程序公平原则，将所有加分纳入专业程序，依据专业规则进行认定才更为妥当，并对招生过程、结果全方位公开、公示。

看待高考加分要走出一刀切思维

曾有一段时期，所有高校被要求统一接受全部加分项目，完全不考虑高校诉求，导致招生过程的严谨性大打折扣。其实，谁对高考加分有最终认定权，这个问题的实质是谁是招生的主体。在以政府有关部门为主体时，高校只能对加分规定不折不扣地执行。近几年，中央多次提出"简政放权"，由高校和学生双向选择的自主招生模式成为未来发展的大方向。但由于当下仍处在过渡时期，高校对政府有关部门的加分政策有条件地认可，或者说高校获得部分认定权应该说是一种正常状态，使用"原则上认可考生所在地省级招生委员会制定的有关加分政策"这样的表达也就不足为奇。

遵从统一加分与由高校自主认定的差别在于，这一转变实现了权责分离走向权责统一。高校是招生质量的最终责任人，也是获利方，从道理上说就应获得加分的认定权，至少也应获得部分加分认定权。这样，各地政府的加分相对于高校而言就成为第三方加分，如果加分不严谨、不合理，认定的高校自然就少。

有人担心不同高校对加分作不同认定会导致混乱，这就过虑了。其实，一旦高校对加分较真起来，任意加分的乱象就会消失，各省、区、市加分人数占比差距较大，加分额度差距大等乱象就不会有，因为某个地方加分多了、高了就会扰乱当地考生被高校顺利录取，从而有效遏制加分乱象，走向有序和公平。

不同高校对加分认定的严格程度不同，其实这也属正常现象。从世界各国的高校招生情况看，越是高水平大学，对学生的测评越严格；反之，对学生的测试要求越简单。同理，高水平大学对所招学生的加分比低水平大学严格一些，这既符合不同高校的差异化诉求，也符合整体公平原则。试想，一名考生通过加 10 分考上一所重点大学与加 10 分进一所低水平的高校，显然是不同的。

至于科技类竞赛加分仍被 22 个省份保留，21 个省份保留"中学生学科奥林匹克竞赛"，一些高水平大学依然认可这些，并不值得我们像前些年那样口诛笔伐，原因在于这些竞赛成绩还是具有较高的刚性特征的；至于综合素质评价甚至学业水平测试眼下难以被认可，很大程度上还是由于缺少刚性标准和可信度。

我认为，对待高考加分问题，需要走出"一刀切"或"一刀都不切"的惯性思维。比如，针对类似烈士子女、民族聚集区的少数民族考生、贫困地区考生的具有政策倾斜性质的加分项目，当然还可以由政府有关部门通过缜密的程序予以确认，高校无特殊原因不得否认；另一方面，也应考虑到高校的诉求，维护高校对加分的认定权，尤其是高水平大学对加分问题把控得更严格些，由多方主体在高考加分问题上形成博弈，结束单方面说了算的局面，会有利于加分机制的完善和专业化。

将高考加分以及越来越多的学生评价权归还给高校，而不是分散在各省份的教育考试主管部门，在我看来，这符合高校招生规律，是未来发展的大方向。

打破高校招生中的固化利益链

根据若干机构联合发布的《2015年自主招生百强中学排行榜》，山东获加分人数最多，华中师范大学第一附属中学连续两年排行榜列第一，西藏、新疆、海南、内蒙古等九个省份（自治区）连续两年榜上无名，地域两极分化的不均衡趋势明显。由此人们不禁要发问：自主招生究竟是招学生，还是招学校？

出现这种现象是多年的积累所致，一些强势大学与一些强势中学拉起手来，形成一个相对固化的利益链，短期内这些学校之间似乎都实现了利益最大化，各自都得到了好处。而这样的结果，是强势的大学和中学之间形成的相对于考生、家庭以及其他普通大中学校的相对权势，也就是形成了教育领域的特权。

想要进入那些强势高中，要么考出高分数，要么依据权力大小和钱的多少择校。于是从微观角度看，在一个区域内只有特殊的人才能进入这些特殊的中学，并由此通道进入所谓的重点大学；从宏观角度看，在全国范围内只有强势地区的强势中学，才能够进入强势大学的自主招生视野。这其实偏离了政府职责和财政经费使用的初衷。

自主招生百强中学成为全国范围内整个教育生态的关键一环，它显示着在获取和享用教育资源上的不平等。高考录取省份过度集中、学校过度集中的趋势值得关注，它所折射出的基础教育的生态失衡问题更值得警惕。一枝独秀、一校独大不应是区域教育的常态，普通学校尤其是农村学校垮掉非教育之幸。在一个区域内形成多所学校在平等条件下适度竞争的良性生态，才是办好这个区域内的教育的必备条件。要实现这个目标，政府就必须在包括招生在内的各项政策、资金、人力资源等方面对所有学校都做到一碗水端平，就必须彻底取消在中考招生中强势高中先招，普通高中后招，依分数线高低分批录取的做法。

同时，全国的高等学校招生也应该如此，要尽快消除招生分批次、资源配置论关系的弊政，高校的自主招生应该依据相对完整全面的专业评价，而非看学生的中学出身，考虑到不同条件下学生不同学业表现的等值性，把学生的学业表现放在他所处的学校条件和学习环境下加以评价，加大向农村和偏远地区倾斜的力度。

教育不均衡的问题在各国都不同程度地存在，而一些知名学府也已经意识到这一问题。2004年2月29日，哈佛大学萨默斯校长指出，由于国家的竞争力正受到挑战，而"实现教育卓越有赖于教育的多样性"，哈佛这样的大学不能将来自低收入家庭的子女拒之门外。从此年收入低于4万美元（后提高为5万）的家庭，不必为就读于哈佛的子女支付一分钱的学费。这一改革的主要出发点是向贫困生传达信息：哈佛的大门是向他们敞开的。为此哈佛在一年中要多录取22%的贫困生（约360余人）。

而在中国当下，需要政府与学校合作实现这一目标。首先当然是政府和相关学校都意识到这个问题的存在，自身的责任所在，并自觉地在这一问题的解决上达成共识，而不是仅仅从部门利益、单位利益、小区域利益出发寸步不让，更不能得寸进尺地为获取自身的优势而不顾大众诉求。

政府还需要做的是，迅速纠正长期以来用政策和财政资金一味扶强的政策，为所有学生提供权利相等且符合其实际需要的义务教育以及高中教育机会；积极推进学业评价与招生制度改革，让招生本身更专业，关注到学业条件与学业成绩之间的内在关联，更能体现公平公正，引导生源均衡进入不同的高中学校，引导招生学校将更为本质的生源质量作为招生的依据。

学校所需要做的是，抛弃片面的学生质量观，建立自己的专业化学生评价团队，善于在不同学校平等的环境中发展自己，而非仅仅习惯于在特权庇护下"吃独食"。这本身就是一种更加健康的学校发展模式，也是更好的教育。

自主招生应转向"专业主导"

2015年,一些高校自主招生面试中"神题"频现,让公众称奇,不少媒体也对此发表了评论。我认为,对于"神题"产生的深层次原因,仍有追问的必要。

出现"神题"的根本原因在于,当下的高校自主招生考试虽然自主,却不够专业。中国高校自主招生已走过十多年历程,却始终是计划招生体制下的一个小口径的自主。同时,由于大学的行政化管理体制依旧,高校自主招生在评价、管理、规范、程序等方面发育不良,要么步子跨得过大或过小,要么跨的方向不对。"神题"便是高校自主招生在自主有限、专业不够状态下的自然外显。

"神题"出题人鼓励创新思维,考查应变能力的立意并没有错,从大方向上看是有利于让考生从应试圈子里跳出来的。然而,这些出题人由于没有相应的专业经历,无法通过专业的、可操作的、可评估的方式实现他们的立意,这才是自主招考人员遇到的真实难题。

事实上,除了"神题"之外,现有的自主招生考试还存在其他问题,而多数问题都出在行政主导而非专业主导上。各自主招生院校要想让自己的招考在专业、公平的前提下选拔出有创新潜能的人,关键是由行政主导的自主考试模式向专业主导的自主考试模式转换。

专业的考试意味着,考务的每一个岗位都应由专业人员承担,未获得相应岗位专业资质的人不得参与相应的考务工作;每一道程序都是专业的,逐一消除考试中各个环节的随意性;每一个细节以专业的标准和行为规范为依据,在遇到争议或不同意见时,用专业的标准判定是非,而不是依据行政指令行动。这才是减少差错、提高考试质量的大方向。在专业的考试中，无人掌握绝对的权力，考试过程中的各部分责与权有明细可操作的划分，专业人员有在其职责范围内不受任何行政权力干预的权利。主管部门和社会公众可以对考试过程进行有效的监督和问责，若不遵守这些规则，就要被踢出局。

归根结底，专业主导并非不要行政参与，但必须划清专业与行政的权限边界。唯有如此，高质量的自主招生考试才是可期的。

交费才能招生是学术的逆淘汰

2016年，厦门大学一博士生导师发表公开信质疑学校博士招生及开课制度，引发舆论关注。事实上，业界对此项做法的质疑不是第一次，而主动或被动退出招生的教授也不是一两个人，因此不能不对它进行系统反思。这个制度就是近些年在不少高校实施的"博导不交钱就不能招收博士生"的做法。

先从逻辑上分析，这一制度的基本假定是"传播知识越多越赔钱"。一名具有博士生导师资格的教师，要把自己的专业知识传授出去，必须自己掏一笔钱给掌握了招生管理权力的研究生院。也就是研究生导师一方面要教学生，一方面要贴钱，不贴钱就不能招生；你越想把自己的专业知识传授出去，就越需要交更多的钱。以厦门大学为例，该校从2014年开始对科研项目经费管理进行改革，规定博士生导师必须按期足额缴纳导师配套经费，才具备博士研究生的招生资格，缴纳标准按照不同学科类别，每名博士生2.9万元到7.7万元不等。

那这笔钱从何而来呢？羊毛还是出在羊身上——不少导师想方设法外出争项目、报课题，再拉学生为自己主持的项目和课题打工。整个循环链体现了导师是老板，学生是雇工；研究生院是老板，导师和学生都为研究生院打工。导师交钱如同出租车司机给公司交份子钱，不交份子钱就不能上路。这种管理显然对师生关系、教师与研究生院的关系造成严重的损害。

这种体制实施几年下来的结果是，理工科和那些与市场靠近的专业是可以顺利循环的，而基础学科与人文学科则很难筹到足够的钱。于是在人文及基础学科，那些通过各种手段挣到钱的人，即便学术水平差也能招生；如果没法争到项目和经费，即便你的学问做得再好也无法招生。现实中，那些学问做得好的人往往希望研究些真课题，不愿花太多精力在争项目、跑关系上，或者主观上不愿意去筹那个钱，因此这一制度在人文和基础学科是典型的逆向淘汰制，能教好学生和做好学问的人面临被淘汰出局。长此以往，学术水平只能越来越低。

人文学科往往有合适潜能的人就能做出好的科研成果，并不需要花费多少钱，不具有合适潜能的人花再多的钱也做不出有质量的成果，导师交的钱与研究成果之间没有必然关系。不能以钱来衡量的学生成长和研究，却需要以钱论可否，最终必然损害师生利益和科研水平。

有人认为导师使用了学校的资源就应该交钱，这里面就涉及大学里谁是主体的问题：究竟师生是主体还是学校的行政机构是主体？如果是前者，学校的一切资源都应该首先用于教学和研究，包括行政管理在内的各类职员是为师生服务的，相应的经费管理和分配制度就应由师生通过专业的过程和渠道制定，就不会出现当下整个人文学科都不赞成的管理制度仍在实行的情况。现有的体制里管理主体实际上不是导师，而是研究生院，导师成了一个"打工者"，不管是文科，还是理科，导师都须先把钱交给研究生院才能获准招生，这就引发了在研究生招生和管理体制当中始终存在的矛盾。

将缴纳科研经费和招生资格相挂钩，显然不利于高校科研水平的提高。高校在制定政策时应该考虑不同学科的实际情况，并适当提高导师的自主权，甚至可以考虑撤销大一统的研究生院，把研究生培养管理的职能收回到各院系，以便减少行政运行成本，保障各院系、各专业的导师依据自身的特点制订灵活而又符合实际的管理方案。

体育考试成绩应与升学挂钩吗？

大面积的调查表明，近些年反映学生体能素质的一些指标如肺活量、力量、耐力持续下降，同时，超重、肥胖、视力不良率持续升高，中国学生的身体素质确实到了令人担忧的地步。

为增强青少年体质，一些地方考虑将学生体育成绩计入升学考试，增加体育考试成绩在升学中的权重，或将它列为评"三好"的硬性指标等。这些做法的出发点或许是好的，但从理路上说未必通顺，实施效果也未必会好。

首先，体育成绩并不都是由学习而得来的。受先天遗传以及后天营养、生活环境等因素的影响，有些人可能不需作多少努力，体育考试成绩就会很高；而有些人即便拼命，体育考试成绩依然较低。而且显示为体育考试成绩高低的只有极少部分内容与学习相关，将此作为决定学生升学的因素，将会产生一定程度的不公平。

其次，学生体质下降的真实原因是教育管理不当，造成学生学习压力太大，体育锻炼时间和场地不足，从而对身体素质造成伤害，可以说责任主体在于教育管理者。现在反过来以学生的体育考试成绩为指标，将得失记在学生头上，并与他们未来的前途联系起来显然不妥。

再者，这种做法依然是在应试的思维中试图找到解决应试问题的办法。其结果无疑是在应试压力已经过大的学生身上再加上体育考试的砝码，将有可能导致学生的自主与自由活动的时间与空间进一步减少和减小。在现有管理体制下，将体育考试成绩与升学挂钩最可能产生的结果是学生的体育考试成绩上去了，学生的身体素质反而越来越坏。

最后，也是最让人担心的是，此举可能掩盖切实有效解决问题的真实路径，延迟解决真实问题的时间。当前最急切需要的是找到学生身体素质下降的真实原因，尽可能从根本上解决问题，而不是为统计工作成绩积累材料，为避免问责而亦步亦趋地采取一点行动。

提高学生身体素质本身不是多么高深艰难的问题，在教育管理和评价上保证给学生更多自主支配的时间和空间，让学生有足够的时间和自主权做自己想做的事，要比要求他们被动地达到某一体育考试成绩重要且有效得多。

PART 5

第五辑

呼唤真正的大学精神

愿大学里多一份真诚

影星吕良伟拒绝接受某大学的名誉教授称号,这本是情理之中的事,反倒成为新闻。因为按照时下大学里流行的习俗,这位长期资助四川贫困生、默默关注四川教育事业的"四川女婿"似乎理所当然地应被礼聘为客座教授。

值得关注的不在于这件事本身,而在于吕良伟拒绝接受这一职位和称号的理由。他坦言:"道理很简单,无功不受禄。接受了名誉教授的称号,就必须做实事。对我而言,这不是一个空位置,也不是拿来炫耀的空冕冠。我确实抽不出时间,既然我做不出功劳,就不应该受这个名。如果只挂名不做事,那就是欺骗大家,我不愿意这样。"这些话让众多已经接受大学教授、院长及其他荣誉乃至实际称号的人汗颜。

通常学校把客座教授、名誉教授、院长之类的头衔送给明星、大款、名人、官员是皆大欢喜的事情。学校有所求于这些人,这些人又确实能为学校解决某些问题,于是双方各取所需、一拍即合,以至时下这股潮流有不可阻挡之势。然而,吕良伟拒绝名誉教授头衔,却并不拒绝多年来坚持资助贫困生,他认为,做善事和做教授是两回事。做善事是一位社会名人应尽之责,是道德自觉,但做教授要传道、授业、解惑,需要广博的知识和多年坚持的职业意识。

吕良伟所讲的道理相信无论是校方还是各种名誉的接受者都明白,那为什么还有那么多的人和学校如此去做呢?其背后的原因乃是不真诚。师生们对吕良伟的评价是"很真诚",正是他的真诚让学生们感到"有很大的吸引力",这说明当前大学里"真诚"因稀少而珍贵。近来包括一些众望所归的大学都暴露出造假行为，使社会公众对大学产生了信任危机，这不能不引起所有大学学人的警醒。

吕良伟的选择警示人们，保持真诚的关系远比授受那些名不符实的名誉更有意义。联想到一位大学财务处长曾经说起：现在大学接受捐赠的环境很坏，很多人有钱也不愿捐给大学，因为接受捐赠者往往收钱时场面十分隆重、热烈，凡学校能搬得出来的荣誉都愿意和盘托出，事后则杳无音讯，不仅所捐款的使用情况、学校的发展情况无从得悉，就连节庆问候也没有，让人心寒。整个过程将名誉授受内中掩盖的虚伪暴露无遗，人们不愿捐款也在一定程度上显示出更多的人还是愿意选择真诚。

为什么偏偏在大学中还有那么些人放弃真诚而给予或接受这种名誉呢？不外乎这种虚伪的名誉与授受双方的利益直接相连，这些人只要能获得利益，便不像吕良伟那样很重视"教授""院长""主任"之类的内涵，无论是学校还是这些荣誉的接受者，大都为利益的追随者，而非真理的追求者。然而这种逻辑与古今中外大学的核心价值格格不入，大学的核心价值在于学术增量的产生，在于追求客观的真与主观的诚，以及这二者在学人身上体现出的真诚，这是大学之所以存在的唯一根本理由。你不做学问，或者没有时间做学问，你怎么能当教授？又怎么能当大学的院长去领导教授和学生？又怎么能成为博士和研究生？

追求真诚与获得利益之间并非是完全对立的，但抛弃真诚而获得利益定然与大学的基本精神相违背，学校的当事人及这些名誉的接受者可以权衡、可以思考、可以比较，对于你自己，对于大学，哪个更重要，哪个更宝贵，然后再加以取舍。

真诚在大学中的珍贵，可以用大学万古不朽之根基形容；相反，不真诚是大学的腐蚀剂，哪里有它的存在，大学的哪一部分就会腐烂、枯萎，丧失它应有的功能。如果大学运行的若干环节都存在不真诚，则可能导致整个大学系统与结构的坍塌，古今中外大量事实已经证明了这一点。

基于大学的这样一种现实状况，求真拒伪就成为所有大学学人应当肩负起的责任，尤其是担负着大学关键职能岗位、处于大学运行关键环节的人，在市场经济的大潮下，应当保持冷静、清醒、独立的意识，适当超脱于现实生活、超脱于特定的经济利益,而不应当被某一特定短视甚至浮躁的社会价值所左右。

大学需要通过真诚来珍惜、维护自己的名声。如果混淆了教授、院长、博士、硕士、毕业证、学位证、论文、课题这样一些早已确立起来且内涵与外延十分明晰的概念,大学中就无真诚可言。

相信有良知的大学学人都会有一个共同的心愿——大学里多一份真诚,并以力所能及的行为践行之。

大学精神是大学学人的共同话语与责任

中国高等教育经过近些年的扩张，规模扩大了，但质量亟待提高。大学精神是关于大学发展的价值取向及其在大学设置与运行中的体现，是决定大学质量的潜在性、源头性、关键性、难以量化的因素，它对大学的发展与完善发挥着凝聚、导向、规范、激励、调适、辐射功能。弘扬大学精神是当前提高高等教育质量的关键之一，然而在如何弘扬大学精神这个问题上众多大学学人及与大学发展关系密切的人还存在一些模糊的甚至错误的认识。现就在实践中所遇到的问题加以讨论。

一、人们对大学精神的认识存在一些误区

一种观点认为只有大学的领导才有资格谈大学精神。如果持这种观点的是大学的领导，他们就会在大学精神的建设与弘扬过程中盲目自居，自以为掌控了大学精神的话语霸权，运用手中的权力发指示、提要求，如何如何培养与弘扬大学精神，轰轰烈烈一阵子。大量已有经验证明以这种违背大学精神成长与发展的内在规律的方式工作，其结果只会是抑制、阻碍、损害大学精神的健康成长。如果持这种观点的是大学里的普通师生，那么他们就会将大学精神的弘扬当成与自己没有多少相关的事高高挂起，这种态度多少与前面提到的过多运用行政手段自上而下地"培养与弘扬"大学精神相关。一份公众调查表明，47%的被调查者是第一次见到"大学精神"这个词，32%的受访者认为大学精神与自己相关但不重要，32%的受访者认为大学精神与自己无关，47%的受访者不打算读一些与大学精

相关的文章与书籍。这一调查结果表明人们对大学精神和大学精神的主体存在相当大的误解。

还有一种观点认为,大学精神是大学人文学科师生的话题,学习自然科学、技术的就不必谈大学精神。从内容上说,大学精神是人文精神和科学精神交融的结晶,冯友兰将大学精神界定为"自行继续的专家团体的特性"。事实上大学精神就是从事专业研究工作的人在探求真理的过程中形成的传统和所表现出的稳定精神特性,不管你从事哪一学科的研究,也不管你研究的内容和对象是什么,只要你想成为高级人才,你想从事高深研究,你就必须具有大学精神,就必须在你的工作过程中体现大学精神,就必须不断追求大学精神的更高境界。而目前的现实情况是,不少高喊人文精神的人恰恰缺少科学精神的根底,强调科学精神的人恰恰缺少人文精神的涵养。不同的人需要依据自己的实际情况,尽可能全面深刻地领会、接受大学精神的真谛。

再有一种观点认为,当前弘扬大学精神所遇到的问题自己无法解决,因此没有必要关注这个问题,自己也不能为此做什么。对于当前大学精神发展与弘扬中存在的问题,有调查显示,26%的被调查者认为是大学管理体制问题,25%的被调查者认为是认识问题,24%的被调查者认为是大学精神的理论不充分,还有24%的被调查者认为是其他原因。这种归因基本反映了当前大学精神重塑与弘扬当中存在问题的实际情况。值得引起注意的是,这种归因往往成为一些人回避讨论、践行大学精神的遁词。他们以"做点自己力所能及的事"为由,既不参与大学精神的讨论,又否认自己在弘扬与培养大学精神中的责任。

二、大学精神影响大学整体质量

上述认识使得为数众多的大学学人游离于大学精神的弘扬与发展之外,不仅影响到大学精神的重塑与弘扬本身,而且影响到大学整体质量的提升,对大学学人自身的成长与发展也不利。解决这一问题的关键是要在大学上下内外形成一种共识:大学精神是所有大学学人的共同话语与责任。

首先，大学精神本身来源于大学中师生群体在教学研究过程中形成的价值认同与积淀；在现实中，大学精神是大学学人的精神体现，脱离了师生群体，它就失去了继承与弘扬的主体与基础。大学中少数人的话语与精神体现只是大学精神的部分，不能以偏概全代表整体。如果某种话语确实能获得较多学人心悦诚服的认同，它的代表性就强；若想依仗权势形成话语霸权，未必就能获得师生群体的认同，也未必就能积淀为大学精神。

其次，大学及大学精神的功能决定着它必须成为所有大学人的共同话语才能得以充分实现。大学精神是大学学人做人与做学问所必备的人生观、世界观、价值观的培养基，年轻的学人需要通过这种精神的陶冶而发展成熟，大学需要它实现"成人"目标。大学精神是大学"成人"过程中的酵母，它在大学中形成一种富有魅力的内驱力，使大学人在积极向上的心理氛围中共享激励与鞭策，走向成熟与完善，追求创新与超越，直至"成人"。

更为重要的是，大学人是大学精神的主体、目的、根源、中心、出发点和归宿，大学精神既内隐于校园规章制度，又外显于校容校貌；既潜藏于大学人之心，又体现于大学人之行；既对当下的大学人发生陶冶，又彰显为一所大学鲜明的个性特色，积淀为一所大学久远的品格。一旦你成为某一特定大学学人，你就只能置身其中，不能置身其外，每个人都有权发表自己的话语，每个人都可以担当起自己的一份责任。

因此，培养与弘扬大学精神应该由大学全体的师生员工自主参与，不能认为只有个别的大学领导才有这个话语特权，才有这种责任；也不能认为只有大学中某些专业或某类人群才需要弘扬大学精神。正因为如此，大学精神的弘扬应该成为所有大学人共同探讨的问题，共同担当的责任，只要你生活或工作在大学之中，谁也不能免除你在大学精神上的话语权，你也不能免于弘扬大学精神的责任。大学精神与每一个在大学里生活的人——不管是教师、学生，还是员工的成长、成就都直接相关。

也正因为如此，对于大学领导来说，不要指望通过纯粹行政方式就能培育弘扬大学精神；对于大学中的普通学人来说，弘扬和重塑大学精神有我一份权利与责任，可以从我做起，从当前所从事的学习和工作做起。

所有学人共同参与大学精神重塑与弘扬的话语，共同尽我所能地担当起大学精神重塑与弘扬的责任，所能带来的将不只是中国大学整体办学质量与水平的提升，也将增进所有参与者的职业成就与人生幸福。若想获益良多，就必须付出真诚。

章开沅的真诚能否撬动院士终身制？

2014年历经3年时间4次请辞，时年88岁的著名历史学家、华中师范大学（以下简称华中师大）原校长章开沅终于获得学校同意，辞去资深教授的头衔，并正式退休。他也成为中国社科界中辞去"院士待遇"第一人。

由于同做陶行知研究的缘分，我和章开沅先生相识20多年了。若用一个词来形容他，就是"真诚"。这次他坚决辞去资深教授，再一次展示了他的真诚。

早在2011年，章开沅就表达了要完全退下来的愿望，他的愿望终于实现了。他的真诚溢于言表："我为什么要突破围墙？人生活在这里，如果不瞎不聋，还有点意识、有点良知的话，是很不舒服的。""你只要顺着这个围墙，一步步攀升，确实能得到很多好处。在这个圈子里，我也是既得利益者，已经得到够多好处了，所以内心很不安，希望改变这个体制。"

章开沅先生的"自我革命"获得各界钦佩的同时，也引发一场争议。有人说他的做法是对改革现有院士制度的倒逼，也有人直言章开沅先生的请辞只是个人选择，意义有限。

真诚是一把利剑，当它刺到尚存真诚的人身上，必然会刺穿；若它刺到的是一块顽石，一个戴着面具的人，确实不会有什么实质作用。

现实中像章开沅先生这样对名利看得开、看得透的人还是少数。寄希望于众多资深教授或院士以辞职的方式去倒逼院士制度改革，或期望既得利益者去"自我革命"都过于天真。正如他自己所预料，"请辞多少会起到促进作用，不指望很大"。

但是不要忘记，章开沅先生所反对的体制显然不是一个纯客观的自然存在，而是人为建立的。既是人为建立的，就必然存在主事者，这个主事者或不只是一人，不妨称之为体制人。如果体制人还未愚顽到真诚都不能刺穿的程度，至少在知性层面应该明了这个体制是不合理的、阻碍学术发展的，在情感上也不能对此熟视无睹。既然有沈国舫和章开沅两位先生做先锋，体制人应该让制度改革及时跟上。

令人振奋的是，华中师大决定给章开沅先生颁发"荣誉资深教授"证书，准备探索建立资深教授弹性退休制度。接下来，校方要再选几个资深教授，名额要扩大，并会制定资深教授的遴选办法。这不就是公众所期望的改革吗？

如此看来，这个问题也不复杂，就是如同章开沅先生所说，把学术与利益切割开，将现有的院士制度和资深教授制度去功利化、去官本位。"因为官本位，出现很多非学术因素，不仅是年轻人，年长者、教授也达不到公平。有些教授有钱有势，拉到几个项目就挥金如土；有些教授在孤独清贫的状态下挣扎。""体制是座金字塔，爬到塔尖就有享不尽的福。但那也是少数人享福，青年教职工被压榨，用各种东西来管制他们，逼他们出成果。"

改变的路径也不复杂，就是行政部门把权力放出来，不要用行政权力来定义学术权威，资深教授进退制度由高校通过专业组织自主制定。其基本原则，一是基于本人的真实意愿，让学术精力旺盛的人切实发挥作用，让萌生退意的资深教授安享晚年；二是建立专业的评价制度，防止资深教授只享利不出力，假、大、空而无内涵；三是为资深教授建退出机制，即设置与利益不直接挂钩的"荣誉资深教授"。

有此作为参照，院士制度的改革也不复杂，将它与利益切割开来，与行政权力切割开来，依据专业规则有进有出，就能打破学术头衔和世俗利益的捆绑，使荣誉纯洁起来，让学术回归本真。

大学增量变革是条羊肠小道

中国大学变革是社会长期关注、效果却不明显的领域,那么,参考其他社会体制变革的增量变革模式,能否有望带来大学的整体变革?

确实,其他领域尤其是经济领域增量变革的成功案例,从原理上,为教育领域的增量变革提供了参照。然而,增量变革的原理应用于特定领域的社会实践必须具备诸多条件。大学增量变革恰恰缺少多种现实条件。

一、历史先例

从历史上看,大学增量变革并非没有先例。北洋大学、京师大学堂、清华大学等都是历史上增量变革的典型,但是,在特定政治和社会条件下,这些学校最终难以成为大学变革的范式。

1950年后,大学增量变革比较早的先例是建立中国科技大学,为"两弹一星"工程提供大量科技尖端人才;另一个重要原因是不满原有的清华、北大的管理体制。中国科技大学在科技界精英的呵护下,实行了与当时其他大学有所不同的管理体制,很有特色。但是,该校并没有引发其他高校效仿,反倒由于若干事件,挫伤了锐气,未能尽快步入全球顶尖大学前沿。

第二个案例是深圳大学。该校建于1983年,意在对原有大学管理体制实施变革,也确实做了不少改革尝试,但结果依然如同现有体制内的一般高校,以致该校校长不得不慨叹"骑着牛车赶火车"。

第三个案例是南方科技大学。所有期望大学品质提升的人无疑都希望它能变革顺利。但迄今它一路坎坷,每一个与现有其他大学不同的做法都遇到强大的阻碍。

当然,增量变革还有另一种形式,如2005年在广东省珠海市创立的北京师范大学–香港浸会大学联合国际学院(United International College,简称UIC)。学院由北京师范大学和香港浸会大学合作,是首家获得教育部特批内地与香港高等教育界合作创办的大学。此外,类似模式还有宁波诺丁汉大学、西交利物浦大学、上海纽约大学。所以,这条路可以走,但前提是获得政府特批,这就局限了它的数量和扩展面,也就无法发挥对高校面上变革的影响。同时,这类学校欲取得实效,必须实现两点:一是思想理念的开放,即不单单把形式引进来,也要把现代大学的价值引进来;二是要用现代大学制度来管理大学,不能用行政化或者是商业化的模式来管理大学。

二、大学增量变革的局限

与中国经济领域的巨大增量不同,中国内地大学的增量变革是有限的。

2012年,全国高考报名人数达915万,高校录取人数近700万。这是连续四年高考人数出现大幅下降。一是因为适龄人口和高中毕业生减少;二是越来越多的高中毕业生选择国外高校,出国留学人数连续四年保持20%以上增长,其中,近一半人赴海外攻读本科。

依据教育部投放的招生指标,2012年计划内的高校录取率已达到75%。若加上一些私立大学和二级学院、三本院校招收的不发教育部认可文凭的学生(这部分数额没有权威统计),高校的全国总体平均录取率已超过80%,高于美国大学录取率。再结合近些年越来越多的高中毕业生放弃报考,报名后放弃参考,拿到录取通知后放弃报到入学的情况,从绝对数量看,高校不仅没有多少的增量空间,一些高校已经面临严峻的生源危机。受到生源下降挑战最严峻的是三本院校和高职院校,这类院校注重特色发展,才有自己的生存和发展空间,但是,他们的先天不足使得他们无力发起真正的变革。

在每所大学都为生源惶惶然的时候,兴办任何一所大学都具有更大的难度,以任何一种形式合作办学也都面临着更大的压力。唯一可能的选择是,办一所类似南方科技大学这样的高端大学。但是,所需要的人力、师资和财力条件一般是难以具备的。

三、大学有增量而不变革成为一种惯性

1985—1989年，中国推行过一轮大学管理体制改革，有百余所高校建立了相对规范的校长负责制。然而，这一改革此后在行政力量的作用下瞬间退缩了。这段历史表明：一是大学变革未必需要增量；二是增量变革未必能带动存量的变革。

自1999年的扩招之后，大学走的是一种依靠增量发展的模式，但不仅未发生变革，反而在不断稀释质量。

长期以来，大学是行政主导，而非专业主导，大学的增量并非大学自主产生，几乎完全被动产生。1999年，全国高校扩招了48%，全国普通高校招生规模从1998年的108万增加到159万，这是大学被动于外部力量所造成的结果。此后十年，大学的扩张或因奉命完成行政指标，或因被经费牵引而不得不多招学生多收学费维持运转，或因人员机构臃肿不扩招则有人无事可做，或为了评估、升级、改名、争学科点之类的外在目的而凑人数。而且，一些学校的快速变大仅仅是用银行借贷和学生的学费建起的雷同校园。一旦学费成为维持学校日常运营的资金支撑时，想方设法多招学生也就成了高校的追求。所以，越是层级低的学校招生量越大、学费也越高，师生越被动，越难以发生变革。即使是新建的大学，也毫无例外地染上了官僚化、行政化、商业化以及学术腐败等各种恶劣习气。人员来自原有的大学，理念未能更新，要遵循同样的外部规则，要走同样的审批程序，要接受同样的行政领导，要在大学内部设置同样的机构，建立同样的权力结构，形成类似的利益关系。

归纳十余年来大学发展的特点，主要是政府管理者主动实施的调整，本身强化了政府与大学的关系，是在削弱大学的自主性；大学主要是奉命接受和被动地调整，甚至有一部分大学的扩张属于知其不可为而为之，明知气球会涨破，还在被迫去扩张。

2009年，高考报考人数出现拐点，84万应届高中毕业生弃考。一般而

言，高考人数回落后，有教育部计划就不愁招不到学生的时代已经过去，生源竞争、生存竞争即将成为各高校面对的严峻现实。这恰是倒逼大学变革的机遇，但是，在强大的惯性带动之下，自觉自愿推行变革的大学依然寥若晨星。

诚然，香港地区的大学在内地招生也是一种变式的增量，给内地大学带来了明显的竞争压力。但是，迄今为止，并无哪所大学因此而发起变革，何况，在现有大学管理体制下也难以许可它自主变革。

四、大学变革的主要阻力与增量相关性不大

目前，大学变革的主要阻力不在大学之内，而在大学之外，在于无法变动大学与政府之间的关系，无法改变政府办大学的现状，准确地说是大学的"婆婆"不愿变革。"婆婆"有绝对的话语权，在已经有两三千个"媳妇"的时候，再加一两个"媳妇"是无法改变婆媳关系的。娶本土的"媳妇"无法改变，经过特批娶个"洋媳妇"也无法改变。

简言之，目前大学最需要变革的是大学管理体制，即大学的理念、管理体制、培养模式。这是一场转化变革，主要是管理体制的改革、政府治理方式的变革，是难以依靠个别学校的内部管理变革实现目标的。

通常，增量变革是一种变化较小的变革，属于量的变化；转化变革是一种程度较大的变革，属于质的变化。大学需要大变革才能跟上全球大学的发展，如果对此没有清醒的认识，则会贻误时机。

中国大学变革成功的关键在于自觉、勇敢地认识到自身的问题，自主、自为地走上依据大学逻辑对大学管理体制实行变革之路，这才是未来改革的明确和正确方向。中国大学的未来不是建立万国大学展示馆，而是要建立一个个各有特色的大学。假托推辞，花样翻新，误导大众，在迷宫中绕行或迷失都是对民族活力的巨大浪费。

香港科大的兴盛之道

读罢《香港科大还有什么好说的》（香港科大人文社会科学院原院长齐锡生教授著），感觉此书道出了香港科大在短短 20 多年内步入世界前沿大学的兴盛之道，对于我们创建世界一流大学，具有多方面的启示。

香港科大的特殊之处很多，诸如先选聘 22 位各领域的学术领军人物，由这些人把关，公开招聘教授，经过咨询和细心甄选程序，把结交权贵的名人挡在门外，只低调慎重地招那些确实学问扎实的学者，不拉各种国际大奖获得者为学校争取名声，只选择那些对学校发展能切实起作用的人。

最初招聘的二三十位教授，主要是来自北美知名大学里会讲普通话的学者，台湾地区背景的美籍华裔学者占绝对多数，他们奉行的原则是校园生活和人际关系的单纯化。这批学者使香港科大在人员上达到进入世界前列的"临界质量"。他们一到校就提出一个大胆的建议，全盘废止英式大学管理体制，采用北美通行的大学制度，从而为在全球引进人才开辟了便捷通道。

香港科大在研究上的特殊之处是，研究部门享有高度自主权，教授们的研究兴趣和方向由他们自己拟定，不必听从学校（院、系）的命令，对教授们研究工作的考核由学术部门掌管，研究副校长办公室只能在某种程度上从旁协调。它还很好地阻止了内地高校大量出现的"科研掮客"现象在香港科大出现。那些仅仅善于争取项目而不会做研究的人，下次申请时会被拒绝。

作为公立学校，香港科大的经费来自政府拨款，科研收益（包括学费）一律缴回公库，不能私设小金库，所得利润也必须以合理、合法的比例分配，教授不得在学校领薪水外创造个人收入，不得到外校兼职，这样才能保障学生不但在学识成长上不受影响，而且在德行上也能获得老师的言传身教。

学校使用经费既有慷慨大方之处，也有斤斤计较之时。例如不能用公款支付学术组织的会员年费或杂费，就连使用公款乘坐飞机所获的积分也必须交公，而不能个人享用。通过铁面无私的程序和规章制度，保障每一分研究经费都用在实际的研究工作上，不管经费来自何方，研究者根本见不到"钱"，也没有机会与供货商接触，不存在回扣、贪腐的机会，从而杜绝了研究经费的贪污挪用现象，又让教授们集中精力从事自己的专业和原创性工作。

香港科大的"教授治校"准确地说是资深教授治校，尚未经过严格学术评审程序的青年教职员，是没权利参与治校事务的，这就保持了它专业上的杰出性。教员在校内的权利和责任，都随着学术水平的提高而增大。

香港科大1991年招生的时候，发出录取通知书的人中只有31.3%的人报到，学生中50%的人的父亲和70%人的母亲是小学以下文化水平，父亲上过高中的只有13%，母亲上过高中的只有5%。学校认为，不论贤、愚、不肖，只要进了学校，学校就有责任以最好的方式尽心尽意教育好他们。为此，办学者建立导师制，为每个学生指定导师，帮助他们在求学阶段提高学识和人品气质。学校为学生提供最宽松自由的学习机会，鼓励他们选择自己喜爱的学习领域，允许学生入学后转系转专业。

值得一提的是，香港科大多次拒绝投机取巧的做法。有人提出举办几次高规格的会议，邀请世界著名学者和诺贝尔奖获得者发表主题演讲，再送他们一个名号，这一主张经过高层研究、争执后被否决了。他们认定，凡不能为学校做实际工作的人，都不给予任何名号。还有人提出香港科大办出版社、办学报，既解决自己教授的著作出版和论文发表问题，又提升学校的名气。这个建议经反复研讨后又被否定，因为学校不愿意自己"吹肥皂泡"。

大学章程亟须从纸上走到路上

2014年，教育部核准发布了北京大学、清华大学、中国农业大学、南开大学、浙江大学、中南大学、中山大学、电子科技大学、西安交通大学等九所高校的章程。根据北京大学章程，该校首次创设监察委员会。该委员会对学校机构及人员具有检查权、调查权、建议权、处分权。

一百多年前，许多教育界有识之士就知道办大学必须有章程。当时无论是北洋大学自拟后上报朝廷批准，还是京师大学堂由朝廷直接任命权威专家来制定，都是先有了章程再办学堂。

然而，这个常识在新中国的大学中被遗弃得太久，以至于花了很长时间，浪费了很多人力、财力，处于失范状态的大学未能培养出杰出人才，荒废了几代人的青春年华，拉开了与世界前沿大学的距离，留下几十年惨痛的教训。

正因如此，大学再次找回章程算是找到了常态发展的方向，摸到了现代大学的门槛。

对此，很多人油然而生的是走到这一步的艰难曲折和喜悦。然而，必须清醒地看到，走到这一步也仅是高校章程建设取得阶段性成果，对于整个大学制度建设而言也仅是万里长征的第一步。

如何在未来切实依章办学是比制定章程更大的挑战，也是更有实际价值的过程。唯有在办学过程中执行和落实了章程，并不断依据实践中提出的问题和广泛的民意，随时凝聚新的共识，通过合法的程序和通道修改完善章程，现代大学才能修成正果。

现实中，大学的规章制度仅仅挂在墙上的现象并不少见，章程颁布后会不会出现这种现象依然是个未知数，且客观上确实存在不少依章办学的障碍。

首先是思想观念上，依法自主办学这一章程的核心精神深化和普及得还不够。由于普遍存在对现代大学制度认识的不完整，大学里的师生习惯于被支配和指使，或干脆支配指使别人，还不适应"师生共治"，对自己究竟有哪些权利、哪些责任没有明晰的认识。大学管理者对哪些事应该做，哪些事不应该做，也没看明白，有意无意凌驾于大学章程之上的言行时常出现。

再就是中国大学师生的参与意识普遍不高，没有师生参与的章程就如同没有人参加的比赛，就不会生成实践意义和价值。另一方面，由于管理观念的陈旧，一些管理者把参与学校事务的人当刺儿头，常给他们穿小鞋，于是很多人觉得多一事不如少一事，抑制了参与感。所以，在章程落实的过程中，需要有人站出来依章较真，这样才能使章程对学校的发展切实发力。

此外，类似"政校分开"等问题即便写进大学章程，目前依然存在管理体制的障碍，如何落实在现实中会遇到很多困难，也不是一两所大学所能做到的。在这方面亟须一些地方和学校在实践中进行探索。

事实上，在高校的内部治理方面，无论是过去还是当今世界的先进大学，都有不少值得借鉴的例子。而当下众多大学面临的难题是通过什么路径走到那一步。要解决这个难题，必须有越来越多的人真正解放思想，让自身的改革实践跟上落实章程的步骤。

细致分析已公布的各校章程，依然存在一些缺陷，如操作性的不足、责权主体表述上的不严谨、监察与执行同体或存在牵连，加上现代大学需要在完善的社会法治环境中才能真正建立，所以各校章程的颁布仅仅是个门槛，千万不能躺在门槛上睡觉，还应鼓励所有学人都走进去努力创建现代大学。

中西部高校拿什么留住推免生？

每年10月前后全国高校的保研季演化成了白热化的"掐尖"大战。某西部高校研究生院负责人向《光明日报》记者透露，该校2015年拿到保研资格的学生中，近80%选择离开。而据他了解，其他中西部兄弟院校也面临同样尴尬的局面。

2014年7月，教育部下发《关于进一步完善推荐优秀应届本科毕业生免试攻读研究生工作办法的通知》，要求推荐高校不得将报考本校作为遴选推免生的条件，也不得以任何其他形式限制推免生自主报考。而此前各校的保送名额分为校内留用和校外推荐两类，只规定"校外推荐不能少于20%"。

这一改变意在打破高校间非学术因素构筑的招生壁垒。不料，由于不同大学、不同专业之间的差距较大，再加上研究生的报考总数连年下降，一些高校和导师再也不能淡定处之，甚至想方设法，软磨硬泡保生源、抢生源。

在保送名额的分配上，过去中西部地区高校尤其是省属院校在大约20%的学生选择外保后，还能通过内部推荐留住80%在本校读研究生。而如今考生不受此约束，可反复比较不同大学、不同学院、不同学科的实力和特色，最终作出理性选择，这样无疑保障了学生自主选择报考学校和专业的权利。由此可见，政策立意无疑是积极的。

只是在现有条件下，能招收研究生的大多数是公立学校，不同学校所能获得的资源、非招生的政策待遇、所处社会的环境适切度都存在大小不一的差距。这种生源争夺本身就不只是导师是否优秀、学科是否优质的竞争，还夹杂着行政权力、物质利益、自然条件、就业环境等多重因素。中西部地区的高校和省属院校明显处于劣势，它们将会比中心城市的高校更早遭遇生源不足的窘境。

我认为，这一政策变动本身引发的激烈竞争，对中国的研究生教育发展来说是积极的信号。在当下研究生教育整体质量有待提高的情况下，竞争是提高质量的重要驱动力。各个学校使出一定的招数网罗优秀学生无可厚非，对那些在竞争中招不到学生的专业和高校适当调整招生规模乃至招生资格就是一种汰劣机制。总体上看中国高校研究生招生规模需要适度压缩，从被淘汰的那端压缩无疑是合理的，运用好这一机制有助于逐步提高研究生教育质量。

但是，在运用这个机制的同时需要防止误伤，最有可能发生误伤的是那些做得好却未被给予平台和条件，"巧妇难为无米之炊"的教师、学科和学校。要在条件同等的情况下看谁做得更好，才是客观公正的，才能真正引发不同高校间的良性竞争，不应该让那些做得好却因为没有充分条件的学科、院校处于被淘汰的边缘。

因此，仅靠在招生这个支点上实现不同高校间的公平竞争还远远不够，目前急需在更广阔范围上建立新的公正和平衡。尤其要在资源配置、学校管理和评价指标上对所有学校一碗水端平，使不同高校的立足点平等。各个高校或学位点应该靠研究生培养质量吸引生源，而非靠比其他高校更多的政策性奖学金、更多的政策支持、能花更多的财政经费等外部因素。如果没有这样的前提，让研究生自主选择的这一保研新政在实施过程中就会变形，达不到应有的效果。

事实上，要建立高校间的良性竞争，还需要建立新的校际伦理。不能用行政手段把不同的高校分成三六九等，也不应依据其隶属关系就使用不同的政策，拨给数量不一的经费；而是应当承认不同学校的"校格"是平等的，其中包括公立高校和私立高校也应在"校格"上平等。在这样的意识下，才会有社会、考生、教师对不同高校的平等相待，才会改变中西部高校留不住本校优秀学生的状况，才会出现中心城市高校与中西部高校研究生生源的双向而非单向流动。

学校之间的竞争是永远存在的，学校之间的差别也不会完全消除，甚至没有必要消除。需要改变的应该是由于行政的差别对待而导致的不公，消除了这种原因导致的差别，让生源自由流动的环境才会更好。各高校不能依靠行政手段对考研的学生进行"围追堵截"，各级政府也需要改变对待不同高校时厚此薄彼的积习。

还原西北联大历史原貌全貌

对抗战中中国校史的研究是中国教育史研究中，一个尚未得到足够重视，也未能充分研究到位的领域，总体上存在着对这一段不同学校历史研究冷热不均，不够全面，受当下观念和意识左右的现象。西北联大的历史研究是其中较冷和未能得到足够重视与关注的部分。

一、西北联大校史研究的现状与问题

从已有西北联大研究的情况看，2012 年前西北联大的校史研究主要是分散的研究。2012 年后原西北联大成员学校及少数史志研究人员关注并参与到西北联大校史的研究中，分类的文献资料的出版也比较多。

全视野的西北联大校史的研究目前还比较弱，缺少相对独立的第三方学术专著。简而言之，当下离原貌全貌的西北联大历史还有很长的距离。

西北联大校史研究的问题主要有：一是不均衡，少数领域研究的人较多，还有些简单重复的问题，另有不少领域的研究尚处在空白状况。二是对文科研究较多，对理工科研究较少，可能与作文史研究的人理工科知识不够，也就做不好理工科的历史研究相关。三是感性传播较多，深入的理性研究较少——感性部分演绎的成分较多，与规范的历史研究存在差距。四是讲故事的多，说理的少。说逸事的多，系统讲述教学和管理的少。比如西北联大变迁多且频繁，对这一变迁全程的完整表述、全方位的研究，对它的因果渊源说深说透的研究作品不多，对当下大学发展的启示也未能深挖下去。五是在其他著作中穿插讲联大校史片段的多，系统完整性不强，因而片段性较强，难以判断片段的整体真实性。

从已有的西北联大研究作品看，存在着几个偏向：首先是不少文章潜存认祖归宗意识，夹带超越事实的溢美。对当时学校的艰难、困境、缺陷缺乏充足客观的研究和叙述。其次是从结果推断过程，忽视对完整真实过程的历史考察。指望以学校的学生后来有多少人成才为支点去修改原本过程。再就是对一些关键的史实存在无意间掩埋的现象，如对国民政府的抗战教育政策和策略，不少人回避对这方面客观真实的表述，而西北联大与此直接相关，回避事实就不可能有原貌和全貌的西北联大历史。还有一种偏向就是不顾背景说个案，把个案说得天花乱坠，特别是一些讲具体某件事或某个人的历史片段的内容，把它放在历史背景中就发现是有问题的。

二、校史研究的价值、境界和原则

解决前述所提到的问题就涉及什么样的校史才是品质高的校史，为此有必要简要阐释一下。

优质的校史能够实现的价值是让后人寻找到学校发展的原点。探寻一所学校的原点有两条线路：一是理论逻辑，二是历史轨迹。两者缺一不可，仅有理论逻辑难以具体化，仅有历史轨迹只能盲人摸象。准确反映其历史原貌和全貌的校史是准确定位一所学校的原点必不可少的。

探寻历史轨迹一定要以真实为准，必须建立在真实可信的资料基础上，本着实事求是、尊重历史、尊重科学的态度对校史加以确定，不能仅凭主观愿望牵强附会进行变更。由于政治和历史等方面的多种原因，西北联大原本的校史原貌和全貌尚难以找到。

优质校史能够用来实现校史育人。校史中的办学传统、文化氛围、大师风采、校友事迹是每所学校特有的活教材，可运用校史营造优良的育人环境，激发在校学生的学习热情。校史育人主要是通过历史积淀的校园文化育人，通过校史中真实、生动、感人的人物和事例育人。通过对校史中的大师、优秀人物的"亲近—认同—羡慕—热爱—仿效"等形成培养目标所要求的各种优良品质。

优质校史记载着学校的生命"密码"。校史是学校发展轨迹的真实记录，学校兴建、发展、壮大的历程，学校经验、教训、智慧等各方面的积淀，是生动的教科书，是学校传统精神的映射和风格特色的集中体现，是学校"自我反省"并寻求新的超越和发展的重要依据，记载着一所学校的生命"密码"。校史是最基础、最原本、最草根的保存学校事迹与精神的方式，稷下学宫、白鹿洞书院、石室学校都是以一个学校的形式将某种教育理念、精神、文化、智慧凝聚并记录下来。但历史上更多的学校密码丢失了，教育精神财富没有传承下来，关键原因是缺乏对当事人物和事件的现场记载、保存和编撰。

做好学校史志研究必须明确学校史志的属性与定位。学校史志具有一般史志的特性，包括史、志、记、鉴、考、典等六种。最为关键的是要明了史志是公器，是资料性著述。

教育史志具有教育性，主要体现在两个方面：一是教育史志本身是所有师生的教材之一，在学校发展过程中具有教育功能。二是教育是人类千万年的专业积累，所以它具有专业性，要能准确反映学校教育的专业特色，在不影响科学性的前提下尽量写得通俗些。而校史记述的对象是一所学校，是一个个案，具体的学校史志又具有个案性。

良好的学校史志要达到四个"境界"：一是信。所写的内容是可信、真实可靠的，要保证资料来源的多样性。二是简。表述的方式简明，抓住关键和本质特征，经过由博返约的多次反复，宁少一字不多一字。三是实。记述的内容是有实际意义和价值的。主要体现为内容和文风两个方面，要求多写事实，少发议论，少写口号，少作判断，少用不恰当的形容词，让事实本身表达观点。四是雅。尽可能体现志书的艺术品位和教育特性。"雅"表现为志书所体现的精神、风骨之雅，也表现为结构的独具匠心，表达手法的多样和谐、图文并茂，装帧设计的美观大方。

校史实际编写过程中，达到或保住上述"境界"会遇到众多困难，所需采取的措施包括：广开"材"源渠道收集资料。胡适曾说：有一分材料说一分话，有八分材料不说九分话。同一件事能有几个方面印证，就提供了去粗取精、去伪存真、全面整体准确把握的机会，"失真"的可能性就小多了。

对于重大事件一定要实地查勘。再就是整个研究需要科学组织，讲究方法，从收集材料开始就强调专业性。最后一个环节是严谨下笔，史家董狐秉笔直书，是"只写事实不转弯"的典范。

学校史志编撰的原则：

一要服务学校发展。最为关键的是为学校发展决策提供真实可靠的历史依据和参照，包括经验和教训，不能只写辉煌，不涉及教训，教训有时比经验对学校的发展更有价值。还要充分发挥史志的育人作用，用学校史志中的人物、故事激励后人；一面编修校史就要一面在尽可能大的范围内传播校史，发挥他在学校教育中的作用。服务学校发展还要提高可用性，编撰的时候就要考虑到如何提高可用性，为学校未来发展提供有力的支撑。服务学校发展还要解决好一个关键问题，就是如实记录学校发展中遇到的突出问题，对这些问题不同的人从不同角度会有不同看法与记忆，校史要做出经得起时间和不同方面验证的表述。

二要明确史志主体。学校史志的主体是师生，而不少校史作品主次颠倒、本末倒置现象严重，用大量篇幅写了校外的领导人，写了与师生无关的人和事；或仅写了行政管理沿革，在教育教学上轻描淡写。这些都是主体不明或主次颠倒的表现。

三要坚守述而不作，寓观点于资料之中。不少人写校史还是习惯于观点先行，总是有意无意把没有史料依据的观点夹杂或堆砌在文中，学校史志编撰过程中要防止犯这种毛病。

四要明晰时空边界。西北联大中间变化较多，其中关于某一学校或学院的变动比较繁复，在写作的时候要以扎实的史料为依据明确界定时间和内容的边界，避免写出边界，也要避免在边界内该写的内容没有写。

五要保持体式得体。行文用规范的现代汉语，称谓用第三人称，不要使用"我们""我校"之类的表述，结构尽可能均匀平衡，索引规范。

六要多种表现手法相得益彰。写史不只可使用文字，还可使用图、表、音像等多种表述手段，表现手法也可灵活多样，这样写出来的史志就更具有可接受性。

三、西北联大需要原貌与全貌的校史

通常史学界有隔代修史的惯例，严格说西北联大到现在还不到隔代的时间，但不能说现在不能作西北联大历史研究，而且很多史料过了一定时间就无法收集到了，这样就给研究造成一定的困难。西北联大校史研究最大的难点有两个：

一是政治史与教育史的纠葛，国共两党的纠纷。

这方面不是一两句话所能说清楚的，从史学研究的角度看，应该摒弃以党划界，以当时当事人的政治面貌划界的历史叙述方式，以客观的历史事实为依据进行中性表述。

二是学术与政治的定位。

学校的基本属性中学术更为基本，这是处理校史中相关问题的基本参照。1988 年版萧超然等编的《北京大学校史》采用了回避的方法，王德滋主编的《南京大学百年校史》、朱斐主编的《东南大学史》则较好地处理了这一问题，对于西北联大的校史研究也应找到恰当方式处理好这个难点。

无论从历史还是从当下的需求看，西北联大需要原貌和全貌的学校历史。西北联大在中国教育史上的地位决定着"应叫青史有专篇"，西北联大至今已是 70 年前的事，虽不隔代却已至修史的最佳期，一些材料不整理就遗失，修史的条件已渐成熟。

西北联大已有的历史文献和专著尚未达到全面、深刻提供一所学校历史沿革的真实记录的要求，这方面需要有足够的专业人员投入大量的精力才有可能向前推进。高质量的校史是对精湛技术、高雅艺术和完美人生的追求，需要可信、可用、可读、可赏，以这样的标准看，西北联大的校史研究空间很大。

从与西北联大有传承的各校发展看，也需要西北联大的信史。只有信史才能真实解决学校发展的无根状态。让相关各校通过校史展现学校发展的逻辑是什么？校史保存学校的真实史料，内含在学校发展中起关键作用的因素记述，其中包括学校发展中曾经形成的共识，学校的发展定位、战略规划、管理体制、学科建设等一系列重要的可靠的历史依据。

校史的核心部分即是学校发展的原点。这是当下众多学校发展未能解决的难题，而真实可信的校史是解决各校发展中这个难题的必要条件。

四、对西北联大校史研究的建议

校史研究本身属于历史研究，需要客观真实。依据西北联大的独特特征，从作好研究出发提出以下建议：

一是联合多方专业人员组建西北联大校史研究专业团队，如联大校史研究会，进行相对独立的专业研究。校史作者应该是学有专长的不同学科学者的"集团军"，而非临时拼凑的"游击队"。

二是校史要突出学校的特色，包括学校的办学精神、理念、悠久传统、教育教学方面的有效措施和成功做法，学校的教师和教师群体、学生、校风、学风。从各方面突出学校的办学特色，这是最基本的最重要的要求。

三是鼓励与西北联大没有直接利益关联的第三方研究者参与。安徽大学就请了一位与该校没有直接关联的学者研究该校的校史，这样能站得开，看问题更加客观公正。

希望对于西北联大尽快写出完整、真实，有灵魂、有生命的校史。

不当之处，请各位指正。

高校经费投入体制须细化至学科

2014年年底已经走过了近20年历史的"211""985"工程,成为热议的话题,尽管教育部否认取消"211""985"工程建设的说法,却难以消除对这种高校财政经费投入计划体制的质疑,也不意味着这种体制不需要改变。

如今,"211"和"985"工程在激发高校办学积极性上的边际效应已经发挥到尽头。"211""985"工程本身成为新的"大锅饭"和"铁饭碗",还引发一些腐败、弄虚作假、"懒政"等副作用。这不只难以发挥通过国家财政经费支持提高中国高校办学水平、建设世界一流大学的作用,而且在高等教育大众化的情况下,既在较大范围内损害了高等教育公平,又在整体上损伤了大多数高校的发展机会,从而产生点面轻重不协调、整体效率不佳的问题。

近20年的事实证明,政府主导的计划拨款体制能够为中国高校发展提供一块垫脚石,却不能保证在中国产生世界一流高校。在中国高校走上需要依靠自主发展才能进入世界一流的路口的时候,继续过于僵化的财政经费投入方式,产生腐败和不公平的问题还只是次要方面,更为主要的是它会对高校未来的发展产生明推暗拽的作用,阻滞了有条件的高校真正甩开膀子向世界一流大学冲刺。

因此,在旧的一轮"985"已经到期,新一轮建设还未启动之际,相应的变革势在必行。遵循高校发展的内在规律,尽快建立独立的第三方评价体制,对高校的学术能力、教育水平和办学绩效实行客观、公正的评估;建立财政拨款委员会,参考评估结果,依据高校所处的发展阶段、高校绩效和发展需要，全盘考虑公平和效率，提高财政资金的使用效率和效益等，都已成为必须摆上议事日程的工作。

当然，这种改变不是推倒重来，而是着眼于财政经费使用的绩效。因此，不能对高校采取"囫囵吞枣"式的评价，而应细化到具体的专业、学科、研究领域。现有"985""211"工程学校某一学科领域或专业绩效好的要继续支持，否则就不应再往里面砸纳税人的钱了；现在非"985""211"高校内某个学科或专业绩效好的，财政经费也应该给予一视同仁的支持。这样才能产生平等、适度的竞争，最大限度地发挥财政资金对激励中国高等教育发展的杠杆效应。

从加快政府治理体系现代化的角度看，财政经费使用需要公开透明，高校通过公开竞争的方式获得财政经费也属必要，广泛的社会参与和监督更必不可少，完全依靠行政手段、长官意志，封闭运行，难免有寻租空间，使得很多高校在北京设立"资金办"，"跑部进京"争经费。跑到了的学校钱越来越多，其他学校则钱越来越少，恶性循环，加剧分化和不公。

改革高校投入的计划体制本身是对现有体制的完善。要配合建立现代大学制度，实现财政经费对教育更加有效的投入，惠及更多有需求的群体，将资金投入到真正有需求、有机会走到世界前沿的高校和科研项目中去。

大学当靠培养质量为学位"背书"

国务院学位委员会、教育部印发《学位证书和学位授予信息管理办法》，决定从2016年1月1日起，颁发给博士、硕士和学士学位获得者的学位证书由各学位授予单位自行设计印制，国务院学位委员会办公室印制的学位证书不再使用。

这一改变将长期以来由国家学位委员会颁发学位证变为由各学校直接颁发具有个性特征、显示各校学位含金量的学位证。也就是说，学位是学校依据国家学位委员会确定的起点标准授予的，具体某个学位的含金量由培养和授予学位的具体学校负责，这使得学生的培养、学位获取和评定、学位颁发的责任主体更为具体、清晰。

学位证书是学位获得者达到相应学术水平的证明。我国自1981年实施学位制度以来，学位授予单位颁发给学位获得者的学位证书均由国务院学位委员会和教育部制定格式和统一印制（1985年至1992年实行过本科毕业证书和学士学位证书合一制发，由高等学校自行设计印制）。这样统一印制的学位证书事实上是以国务院学位委员会的信誉为担保，30多年来，这种做法起到了规范学位证书使用、防止滥授学位和伪造学位证书等作用。

然而，随着学位授予单位的增多，不同学位授予单位的培养质量差距不断拉大，但由于学位证书还是同样的，造成了现实中存在同样的学位证含金量大不相同的问题，这既不利于一些学校凸显自己的优质，也不利于促进一些学校改善自己的培养，甚至一些学校由于责任和权利不明确，在其中滥竽充数发学位证。在这些问题日益严重的情况下，继续统一制发学位证书就成了"大锅饭"，某种程度上是在保护偷懒者。夯实学位授予和发放的责任机制已经成为提高我国学位授予质量必不可少的措施，学位证改为各校印制便是在这种背景下应运而生的产物。

如果一些学校仅仅把调整学位证书制发方式当作一项具体工作程序的变化，那认识未免太浅。高校应意识到自身的培养质量再也不能依靠国务院学位委员会作担保了，而是要靠自己的工作实效，通过自己所授学位的学生进入社会后获取的评价来建立自己学校学位的信誉。这种信誉高，就会吸引更优秀的学生，就会进一步提高自己学校的教学质量，从而形成良性循环；信誉不高，学生和用人单位就会远离这样的学校，最终这样的学校可能会面临淘汰。

由各学位授予单位设计、印制学位证书，并不需要各校在证书设计和印制上攀比，而是需要在人才培养上一较高低。学位证就是一所学校培养学生的合格证，各校印制自己的合格证便于不同学校间的比较，也便于在人才交流中区分。国务院学位委员会、教育部事实上由过去的印制职能转换为监督职能。各学位授予学校需要抓住这个时机，对自身学位培养的各个环节进行一次系统检查，堵住存在的各种漏洞，增强学位授予的责任意识和品牌意识，真正把学生培养质量提高起来，创建自己的办学品牌，体现自身的传统和办学风格，用切实有效的制度和行为维护各自学校的学位声誉。

一些人担心没有印上国徽的学位证可能会降低影响力，这实际上没有区分学术影响力和行政影响力之间的关系，国徽只能作为行政影响力的标志，不能作为学术影响力的标志。事实上，学位依靠国徽的影响力依然是"拉大旗作虎皮"，学位的真实影响力需要靠其学术含量来体现。

学位证自制是进一步明确办学自主权的表征，但学位授予单位能否充分利用好这一表征去改进自己的学生培养和学位授予工作，从我的调查情况看，依然不容乐观。当前需要进行更为系统的学校管理和评价体制改革，进行更为深刻的学位授予机制的改革，进一步明确学位授予主体，使学人的治学自主权得到进一步保障，让大学内有越来越多的人能够拥有维护学校声誉的责任感、荣誉感和使命感。

总体而言，学位证书自制意味着政府给了高校更大的办学自主权，国家教育部门不再以统一的样式为各高校授予的学位"背书"，各高校要靠自己的工作确保自己所授学位的含金量。

师范院校不改名要靠共识

教育部相关领导提出,现有的一百多所师范院校"十三五"期间不改名,引发舆论关注。实际上,师范院校改名的高峰期主要集中在 2000 年世纪之交前后。当时有一股思潮认为我们的师范教育落后了,要用教师教育替代师范教育。在这种思潮影响下,很多师范院校纷纷改名,很多都改成了综合性大学,像西南师大通过合并改为西南大学,就是案例之一。

需要注意的是,当时那一股改名潮其实还有别的动机,就是改名之后就可以获得更多的经费,因此也会获得更好的生源,并且提高学校的级别。在这三者的同时作用之下,原来大量的中等师范院校就给撤销或者升级了。

世纪之交的这股改名潮流,名义上是教师培养理念的变化,实际上功利的推动力更大。其结果如何呢?十几年后回头看,中小学教师不仅没有得到显著优化,反而新入职的中小学教师在基本教学素养等方面有越来越低的趋势,这是令人担忧的现实。可以说,当初通过改名变成综合性大学来培养中小学教师的愿望,并没有很好地实现。

在这种情况下就不得不反思:通过改名是不是能真正地解决当下中小学教师的问题?历史的经验和教训告诉我们,要保证一个地方或者整个国家教师的较高质量水平,需要从整体上考虑,尤其是着重考虑以下几个因素。第一是教师的地位和待遇,需要保持一个比较高的水平,这是最关键的因素;第二是教师的培养,要有博雅的一面,也要有现实针对性;第三是入职以后教师的管理和评价,要科学合理,体现出对教师的尊重。这三个关键因素需要在不同时间段共同起作用。

也就是说,教师培养能否有成效不是孤立的。只有在教师的地位和待遇得到保障的前提下，在教师的管理和评价体现出科学合理和对教师的尊重的保障下，才会有更多的人愿意来当教师，才会有更多高分段的学生愿意进入师范院校学习。如此，师范院校也能招到更好的生源，拥有更高的声望和地位，才不会天天想着靠走改名的捷径来寻求突破，改名的动机也就自然日渐消失。

所以师范院校改不改名，表面上看是师范院校本身的事，但实际上是整个社会的问题。提高对教师的尊重程度，让他们在工作岗位上感到有尊严、有成就感，能够按照自己的专业思维去从事教学，才是更关键性的因素。

如果师范院校改不改名还要通过上级发一个指令或文件，那就还带有一定的强制性。而这一纸规定也反过来表明，我们全社会还没有形成尊重和重视教师的共识。只有当社会各方对教师的尊重和重视形成了普遍共识，师范院校保留自己的名称成为一种自愿自觉、满意自豪的选择时，师范院校才能长久地保留下来。而推动这种共识的形成，需要全社会从上至下付出实质的行动和努力。

高校不宜行政划成学术型或应用型

"通过试点推进、示范引领,以 2000 年以来新设的 600 多所本科高校为重点,引导部分本科高校加快转型发展"成为应用技术大学和应用型高校。2014 年,教育部透露出设立技能型与学术型两种模式的高考,对现有高校进行大调整的消息,引发了教育界人士尤其是高校工作者的诸多议论。最有争议的意见,则集中在今后大学发展中,政府该扮演什么角色,行政权力该如何妥善且合理地运用。

在新中国历史上,1952 年启动的院系调整和 1992 年启动的高校合并也是由行政权力主导的高校大调整。这些调整在短期内解决了当时的某些问题,但由于没有很好地尊重大学的自主权和学校发展规律,遗留了许多长期难以解决的问题。

与此次将高校分成学术型和应用型相类似的是,1952 年清华大学物理系在理工分家的理念下改成了工程物理系,导致"理"与实践脱离,"工"则缺乏理论滋养,难以继续从前的辉煌。

手脑相长是个体成长发展的基本原理,这就决定了在教育中不能将学术与应用技术果断分开。以乔布斯为例,如果没有他对艺术的热爱和天赋以及各种理论素养,他的技术可能很难充分发挥作用。

对于一所学校而言,正常情况下各个学科发展是参差不齐的,可能有些学科偏学术理论,有些学科偏应用技术,有效地发展策略应该是创造环境由其自主发展,不宜简单地一刀切为学术型或应用型。想想过去在一个行政指令下办起来的一批应用型高等院校,再想想"钱学森之问",今天的我们当引以为戒。

对于当下高校毕业生就业难和技术技能人才供给不足的矛盾，要作更深入的分析，应该看到它不是学术型高校数量与应用型高校数量之间的矛盾，而是学校在各种管束下自主性不足难以适应人力资源市场对人才需求的矛盾。解决这一矛盾的关键在于尽快推进大学管理体制改革，实现真正的管办分离，建立规范的现代大学制度，让不同大学自主地确定自己的定位，动态调节学生培养方案，更好地分层满足人力资源市场不断变化的需要，而非生拉硬扯地将高校分隔为学术和技术两队。

自1985年以来，教育行政部门就曾多次规定高中阶段普高与职高的招生比例，结果总是不断被反弹突破，以致职业高中采取春季招生等各种手段也难以招到学生。将分流从初中升高中挪到了高中升大学，在上述社会因素没有变化的情况下，是否真的就有足够数量的学生去考应用技术型高校呢？又是否就有那么多的高校愿意排到应用技术型高校这一队列中来呢？这两个实际问题都应考虑在内。更关键的是，仅仅指望在高等教育阶段解决应用技术人才问题的想法也过于简单，只有把它放到从幼儿园到大中小学整个教育过程中，才能得到系统彻底解决。

在市场在资源配置中起基础性作用的今天，再用行政手段对高校进行硬性分队是否合理，这个问题值得我们细细思量。

行政与学术角色分离还须深化细化

中国科学院和中国工程院公布的《中国科学院关于组织推荐中国科学院院士候选人的通知》《中国工程院院士增选工作实施办法》，明确规定：公务员和参照《公务员法》管理的党政机关处级以上领导干部原则上不作为院士候选人（军队系统参照执行）。这是实现高校及研究机构行政角色与专业学术角色分离的一个良好开端。

鉴于目前行政与学术交汇于一体的怪象不只存在于院士评选中，大学和学术研究机构内部也需要推动行政角色与学术角色分离。其中最为关键的措施是：进入行政岗位的人不得保留学术职称，不得带学生，不得报课题，不得参与学术事务决策和评定。

随着一些大学章程的公布，中国现代大学制度建设在迈出步伐的同时遇到新的阻力。重重阻力的来源几乎都归聚到教授与官员一体，行政与学术不分这一体制性因素。这一体制是建立在政府包揽学术事务基础之上的，这种管理方式不仅严重影响学术水平的提升，也造成行政工作的越位与缺位并存，在大学及研究机构内部人为划分出"官教授""民教授"，而"官教授"成为凌驾于学术之上，突破学术规则和不受监督的绝对权力享有者。其中一些学术并无突出成就的人，依靠自己手中的权力可以申请到课题、可以雇用他人为自己做课题或写论文、著书立说，也能著作等身，还能参与各种学术头衔的评审，严重破坏了学术生态。

大学和研究机构都是专业机构，分工细化是其原本应有的特点。国外高端的大学和研究机构，学术与行政人员严格分离成为通行的规则，不实行这一通行规则的研究机构和大学就不可能得到健康发展。即便在中国，1956

年前行政岗位的工作人员也是没有学术职称的，20世纪80年代后期开始，有一些学术职称的人走上了行政岗位，到90年代后盛行而造成当前的严重问题。后来不少人发现这样既有荣誉又有资源，于是出现众多教授争着当处长的现象；到了21世纪又出现评不上教授就先当官，当上官以后，即便学术水平不行，但教授头衔依旧不请自来的病态现象。

实现行政角色与学术角色分离，本质上就是依据学术工作的内在规律，实行依法治教，依法管理研究机构。在大学内部推动学术角色与行政角色分离，不仅是建立现代大学制度的内在要求，而且也是解决当下中国高校里许多严重问题的措施之一。虽然推进这一进程存在的阻力非常大，但是不可不为。

对于大学来说，依法治校首要任务就是把大学章程做好。各校可通过章程规范本校的行政角色与学术角色的分界，其中最重要的工作就是建立健全专业的学术性组织，把专业的学术方面的权力交给专业学术组织而非行政部门，并在可以操作的范围内把已有的或者即将制定的章程落地，这样行政角色与学术角色的分离才能落到实处。

大学价值取向应求"真"有"爱"

2013年6月4日《光明日报》刊发了《从校训看中国大学的价值追求》一文,对112所"211工程"高校的校训进行字频分析,结果发现"学""德"二字频次最高,而"真"字出现12次,处于垫底位置,"爱"字则只出现在一所大学的校训中。

这一结果并不出乎意料,却不能不引发人的思考。说不出乎意料,是由于数千年来,"德治"是中国的社会治理方式,通过"为学"达到"修己治人"是古代圣贤的主要路径,这种传统在今天的大学里依然发生着作用。而让人深思的是,作为价值追求重要组成部分的"真"与"爱"的频率竟然如此之低。

古今中外,大学首要的追求就是探究真理,从而去解决社会问题。在古代,中国学人延续不辍的价值追求是"士志于道"。关于"道",古人又把它分为天道与人道,天道即探究自然奥秘,探求、追求真理;人道即寻求人与人之间的准则,不断探究解决社会问题的方法。

正因为此,陶行知将《大学》中的大学之道修改为:"大学之道,在明民德,在亲民,在止于人民之幸福。"将大学的归止从忠君之类跃迁为实现人民幸福,完成了传统大学精神向现代大学精神的转换。法国哲学家孔多塞说:"人类精神在解脱了所有这些枷锁、摆脱了偶然性的王国以及人类进步之敌的王国以后,就迈着坚定的步伐在真理、德行和幸福的大道上前进。"

以上均将大学价值指向真理、德行和人民幸福,这绝非偶然,而是由于经过对人类积淀的学术进行反复的选择和认同,这些价值取向代表着现代大学的价值取向。而我们大学校训中"真"与"爱"的弱势,正是眼下中国不少大学尚未真正实现这种精神理念升迁的表现。

求真拒伪,是大学学术增值的生长点,也是品质提升的先决条件。古人的大学之道尚能崇尚"亲民",有"爱"的学校才能真正大起来,才堪称大学。而眼下一些中国大学将这两点边缘化,在一定程度上构成中国大学品质提升的现实障碍。

大胆追求真理,竭诚服务大众,这才是中国大学所应明确追求的价值取向。

让高校学生多些自主管理

2013年，河北省廊坊市东方职业技术学院学生因不满校园管理聚集抗议，随后，学校恢复学生公寓热水供应系统，成立以学生为主体的物价监管委员会，并调整校园封闭时间，事件才得以平息。这件事引发了公众对高校如何做好学生工作的大讨论。

调查表明，实行严管制度的学校出现师生矛盾的概率，要远远高出实行学生自主管理的学校。这种管理之所以出问题，是由于其基于一个错误的假定：学生不是主人，没有自我管理的权利和能力，只能被动受管。于是，不少学校对学生采取盯着、看着、护着等方式的所谓严格管理。在这种管理机制下的学生，走进社会也不善于自我管理，会给社会带来一系列的问题。

依据教育规律，学生自主管理是学生自主发展的一个重要部分，它既是有效的教育，也是有效的社会治理。然而，中国长期形成的管理模式是假定一部分人管理另一部分人，设定一部分人是当然的管理者，另一部分人是当然的被管理者，而非大家都是主人；管理者希望管理对象越顺从越好，而非大家商量形成规则然后去自主管理。这样的管理就可能导致一部分人难以通过正常渠道表达诉求，难以维护自身的正当权益，从而引发一系列社会问题。

正因如此，在近百年前，陶行知就对中国"数千年来保育主义、干涉主义、严格主义"加以批判，提倡学生自治，并于1919年写就《学生自治问题之研究》，在南京高等师范学校废除原来设置的学监，建立学生自治委员会，实行学生自主管理。

自主管理有助于学生发现自己的价值、发展自身潜力、确立自我发展目标、形成适应社会发展和推动个体与社会共同发展的意识和能力，从而培养出健全的人。一些学校对学生严管的理由是，这些学生不懂事、自制力差、难管，所以不得不采取这种方式；却不知造成不少学生自我管理能力差的原因，正是在此之前的学校教育中，未能注重学生自治。这样的学校管理，既不利于学生的终身发展，又不利于国民素质的整体提高，学生未能学会从自律走向自信、走向自主，再从自主走向自立，从自立走向自强。

　　自主管理的核心是学生成为管理的主体，关键程序是自己管理自己。正如陶行知所言："学生自治，不是自由行动，乃是共同治理；不是打消规则，乃是大家立法守法；不是放任，不是和学校宣布独立，乃是练习自治的道理。"遵循人的成长发展规律，从幼儿园开始培养孩子的自治愿望、自治能力，是提高全民素质的需要；从建设民主社会的长远目标出发，让学生在民主生活中学习民主的方法和程序，培养法治和自律意识，是所有学校必须承担的社会责任。

高校合并至今遗留四大苦果①

高等教育发展有其内在规律，遵循其规律，教育服务社会发展的能力就会提高，个人的教育发展目标也能更好地实现。自 1990 年开始持续十余年的"高校合并"，是一段有待总结和反思的高教改革历程，它遗留的大量问题仍需重视和解决，留下的教训值得当前高教改革借鉴。

一、行政主导

十余年的高校合并过程，在不同阶段有所不同。从 1990 年 1 月西安师范专科学校与西安大学合并组建成西安联合大学起，到 1992 年，共有 162 所高校合并成 62 所。属于地方高校的弱弱合并，是比较理性的，总体上有利于地方高校的健康发展。

从 1992 年 5 月扬州工学院等 7 所高校合并组建扬州大学起，到 1998 年，共有 268 所高校合并成 102 所。合并的特点是强校并弱校，教育部以外的省、部在合并中唱主角。

从 1998 年 7 月北京科技大学与北京冶金干部管理学院合并开始，到 2001 年，将 352 所合并为 140 所。国家教育部唱主角，要求到 2002 年左右基本完成高等教育管理体制改革和布局结构的调整，形成综合性大学、多科性大学和单科性大学比例合适的新格局，以"给钱、提升行政级别"奖赏和推动。1998 年 5 月建设若干所世界一流大学口号的提出促成新一轮高校

---

① 原载于《改革内参》，2011 年第 6 期。

合并浪潮,特点是强强合并。2000年国务院规定大多数部委不再管理大学,教育部抓住这一契机,加大了高校合并的力度,中央工艺美术学院与清华大学的合并,新北大、新武大、华中科大、武汉理工大学纷纷成立。仅仅当年的4、5、6三个月,就有中央部委所属48所高校合并组建成19所巨型大学。

从2001年至2005年,又有282所学校合并为119所。

这一场高校合并,试图解决原有行政分割管理办学体制下的部门办学、条块分割、结构布局不合理、办学效益低下的问题,却又采用了行政手段,这本身构成悖论。如果把高校的合并比作"婚姻",大多数合并高校实质是捆绑成的"夫妻",虽已经过"婚后磨合",但从对一些合并高校的调查来看,问题并未得到实质性解决,持续的只有阵痛。不出10年,各地又新建起一批与原来被合并的学校同名的高校,足以说明一些问题。

二、至今遗留四大难题

具体来说,高校合并遗留的以下问题仍需重视和解决。

一是校园文化建设的难题。理工科高校的崇尚与艺术类高校的崇尚本有差异,进入清华大学学习的中央工艺美术学院的学生,就明显不适应清华大学严谨、务实的校风。这两种校园文化的彻底融合几乎不可能,如实现融合就必然是以其一的丢失为代价。合并后的大多数高校校区分散,无法进行校园文化的融合,校园文化建设成了一道难题。

二是办学理念难以明晰,高校发展定位不清。高校需要以分层满足的方式满足社会需求,级别和类型不同的高校需要各自准确定位。而合并从管理和组织上否认了不同高校的不同定位,导致高校发展的趋同化、综合化,大量增设学科和专业,贪大求全,大量设置热门专业,难以满足社会对高等教育的多样性需求,客观上使毕业生就业面临更加严峻的形势。据有关调研材料,目前应届大学生毕业半年后失业人数最多的10个本科专业,依次为计算机科学与技术、法学、英语、国际经济与贸易、汉语言文学、工商管理、电子信息工程、信息管理与信息系统、会计学、数学与应用数学,其中有6个专业是目前高校设点数量较多的热门专业;失业人数最多的10个高职专科专业中，有 8 个是目前高校设点数量较多的热门专业。

不可思议的是，不少高水平大学或重点建设高校也大量设置热门专业，过多发展一般性学科，学科专业设置与国家要求及自身发展定位不相适应，高新技术专业人才和创新人才培养能力不强。

以合并著称的吉林大学就是个典型的例子。该校设有本科专业 131 个，热门专业就有 27 个，几乎涵盖了所有热门专业，而高新专业只有 8 个；浙江大学 2007 年设有本科专业 124 个，其中热门专业达到 26 个，而与高新技术发展相关的专业只有 6 个；北京大学、清华大学高新专业所占比例也仅为 3.1% 和 6.9%。

在外语、管理、对外贸易、自动化、艺术设计等 30 个热门专业中，"985"高校在校生竟达到 27.3 万人，占 985 高校在校生总数的 31.7%。在"211 工程"高校中，上述所列的热门专业的在校生也达到了 62.9 万人，占"211 工程"高校在校生总数的三分之一。而国家急需发展的与生物科学与技术、航空航天科学与技术、电子信息科学与技术等 30 个高新技术相关的学科专业中，"211 工程"高校在校生所占比例合计仅为 7.24%，"985 工程"高校该比例也仅为 9.08%。事实上，中国急需各个研究领域的尖端人才，而重点高校相对来说是最有条件承担这一重任的。

三是对高校管理的挑战。从管理几千人的大学变为管理几万人的大学，需要全面更新管理理念、管理体制和管理模式，而现实情况是多数合并的高校未能实现这一转变，因而管理成本增高，效率降低的情况普遍存在。合并高校形成四五个校区，不仅交通、通信成本提高，时间、空间利用难以提高，几个校区还要设置几套班子，管理幅度超越了有效管理范围，管理层级增加。

最后，也是最难以解决的问题是，由于合并运用的是行政手段强行干预，这进一步强化了行政权力在高校发展中的作用，弱化了学术权力的作用，严重破坏了高校的自主性和原生态，使高校难以自觉自主地适应社会需要。有鉴于此，对一些合并后产生问题较多的高校，依据学校内部自主自愿的原则，相关管理部门应允许其解散。

大学改革亟须向前推进，其方向是要减少行政权力对高校发展的干预，让高校成为一个有权、有责、有独特理念，能够独立思考、自觉主动调节自身的学人社团。

西南联大离我们有多远？

我因为做过多年的大学精神研究，因此十分清楚西南联大是中国大学精神得到极致弘扬的典型。一次到昆明，特地想看看西南联大旧址，不料连向几个人打听，都说"那里没什么了"。我还是坚持去看了看，虽然有一个纪念馆、纪念碑，但还是感到在越来越多的人心中，西南联大仅是一个被逐渐淡忘的记忆。

西南联大的艰苦和人才辈出都已经有很多人说过，我在这里想说的是：西南联大离我们有多远？

论时间，西南联大只存在了不到九年，组成该校的三校复原至今已有70余年，应该算比较远了。

论水平，学界有比较一致的认可，即80年后的今天，西南联大依然是中国大学在世界上曾经最靠前沿的大学。今天中国的任何一所大学要想达到当年西南联大在世界上的学术位置，路还长着呢！

然而更为高远的是1938年11月26日联大常委会通过的校训：刚毅坚卓。它确立了西南联大"独立之精神，自由之思想"，"以其兼容并包之精神，转移社会一时之风气，内树学术自由之规模，外来民主堡垒之称号"，正是这样高远的精神与民主治校的制度相结合，才造就了西南联大的奇迹。世人皆知，西南联大没有校长，主要靠三名常委、校务会议、教授会进行管理，这就从制度上保障了决策的民主化和科学性。

这就让我们得到一个令人尴尬的结论，西南联大离我们还很远，但不是在80年后的我们的身后，而是在我们之前！

那么，西南联大真的离我们很远吗？也不尽然。西南联大所创造的奇迹是由于遵循了大学发展的内在规律，拥有真正的大学精神和文化。而这些内在规律和精神文化并非谁专有的，而是都可以共享的，无论哪所学校，只要切实遵循，同样能创造出奇迹。

《论语·述而》道："仁远乎哉？我欲仁，斯仁至矣。"只要不把西南联大仅仅当作一个奇迹、一座丰碑，或一个纪念的对象，而是把西南联大的精神和管理制度当成"恋爱对象"，真诚地将它当成自己的"爱人"，自然就会离它近些、再近些。

"这所大学的遗产属于全人类。"接受并且享受这份遗产，会让我们变得富有；拒绝和疏远这份遗产，便会使大学不像大学，使大学学人丧失学人气质，杰出人才旷世难出，人力资源强国之梦便会成为泡影。

只招党团员的院校谁敢进？

2011年北京某校招生负责人介绍，该校是为党政机关提供信息安全的学校，虽然是普通高校，但是都在一本线上录取，不招收第二志愿考生。学生毕业前参加国家组织的公务员考试，学院会为学生推荐工作，但不包分配，就业率在90%以上，6成在党政机关就业。该校综合高考成绩、政审、面试进行录取，最抢眼的是"报考该校的学生必须为共产党员、预备党员或共青团员，且必须是应届毕业生，另外还有一些其他政治条件"。

从一个专业工作者的视角看这所学校的招生条件，真不可想象它还是一所学校。立即联想到，当年清华大学招无线电专业的学生需要经过层层政审，以免"特务"混进来。不幸的是，当年真的经过层层政审进入清华无线电系的人，仍有人被怀疑为"特务"或因其他嫌疑而受到不公正对待。几十年后回头看，当年被怀疑的依据大都是莫须有，甚至是心怀叵测的人整人。能提出这一招生条件的学校，又怎能排除学生入校之后不受到这样那样的怀疑或歧视？谁还敢进？

之所以说这所学校不像一所学校，是因为它所提出的招生条件是一个完全不懂教育的人所确定的，甚至可以说，他们连政治也不完全懂。

首先，这一条件将高校招生中本应以知识能力为依据的标准，转向以身份为依据的标准。

在诚信体系不健全的现有社会条件下，对于那些手中掌握一定权力的人来说，党员和团员身份作假是轻而易举的。该校这一条件是否有意引导中学在学生入党和入团上作假？或是否专为有权势的官二代而量身定制？如果是这样，普通人家的孩子谁敢进来？

从人的成长角度看，高中阶段是人生观和价值观还没有完全确立的时段，在这一段时间加入任何政治党派的学生，恰恰是同龄人中自主性较低的那些人，很难保证他们在自主性提高之后或外界环境发生变化的时候不发生变化，将一种尚不确定的内容而非客观的存在作为招生的条件，稍有点教育常识的人都可以看出其荒谬来。

按照这所学校的招生逻辑，它无法保障自己招进来的学生在加入党团上由于功利等因素的考虑而不作假。即便不是全部，总会有这样的人在他们所招进的学生当中，于是就会引发若干问题。

一是这所学校的毕业生将要从事"信息安全工作"，他们会安全吗？他们既能在自己身份上作假，也会在日后的工作中作假，在为人处世上作假。他们既然能为了功利改变自己的身份，也会在相应的条件下为了功利再次改变自己的身份。

二是入校后，学校将如何甄别哪些学生在党团员身份上作了假呢？又如对待那些在身份上作了假的学生呢？如果睁一只眼闭一只眼，那就是这所学校对党和国家信息安全工作的最大的不负责任；如果要去甄别或处理，就又不得不采取一定手段，在这一过程中就会不可避免地出现无辜受害者，也同时会提高作伪者的技巧，出现畸形、圆滑的双面人格，使师生和同学间的关系复杂化、阴影化。

三是依据这一条件招进来的学生，肯定会来源于社会相对单一的阶层，而生源的多样性本身就是丰富的教育资源，生源的单一性本身就导致教育资源的贫乏，教育史上大量例证表明，这样的学校是很难办好的。

简言之，这样的招生条件为这所学校打开了"潘多拉魔盒"。

这一招生条件还排除了非党团员学生入校后再入党团的可能性。事实上，那些在成熟时期加入党团的人，才会是一个组织中信仰坚定的成员。从这一点上看，这一招生条件也非选优的条件，而是一个"选劣"的条件，再将依据这一条件选出来的人送入这所学校所说的"党政机关"和"公务员队伍"就业，不知这一条件的提出和设计者，是希望这些机关高效运转，还是低效闲置？

再说，这所学校肯定不是私立学校，而是纳税人掏钱办的公立学校，既然如此，是否有权力规定只招收党团员，或者说这所学校所用经费是否均来自党团员的捐赠？在作出这样规定的时候，他们是否考虑过这样做违背了基本的公平底线？

综上所述，将只招收党团员作为高校招生的条件，不只是简单的不妥，更是刻板机械的，不科学、不可靠、不公平。这样的条件不利于学生，不只不利于未选上的学生，也不利于招进来的学生日后的正常健康成长发展；不利于社会和国家，它损害的是整个社会评价教育的基本准则，它影响的不只是它自身一所学校，而是包括其他大学和中小学的整个学校链；同样也不利于这样的学校自身健康发展，因为它为自己奠定的根基就位于沙漠之上，是难以稳固的。

希望这样的学校领导去翻翻黄埔军校的历史，去翻翻西点军校的历史，看看他们是如何招生的，招收些什么学生。

温家宝多次提倡教育家办学，现在看来这个要求对于某些高校领导来说是高了点，我们能否先争取有教育常识的人办学呢？

学术权力应回归学术

2009年,江苏省教育厅公示新增的两个博士学位授予单位,公示的名单竟然遭遇"狸猫换太子",与专家评审结果不一致,被换下来的学校感到不公,在网上发表公开信对相关单位进行抨击,除要求"请省教育厅和学位办重新评审"外,还罢课以示抗议。

这件事再一次凸显出学术权力在高校中是否存在的问题。事实上,大学自1950年后即走上政工办学的道路,其间偶有少数学校还保留了较小的学术空间,以致中国大学与世界大学发展水平之间的差距越拉越大。

1980年后,中国高校的规模扩张较快,而日益行政化的特性却一直未能改观,即便使用了一些国际通用标准对高校实行学术评价,也是通过行政的手段和方式而非学术的方式发挥作用。

大学为什么需要学术权力?这是由大学自身的社会功能确定的,而不仅仅是权力之争。大学的主体是学人而非行政官员,没有学术权力存在的高校就不可能高质量地为社会提供其所需要的服务。

在大学内部构建与大学外部对接的行政结构,形成依托行政权力的计划学术、任命学术、课题学术、权位学术,已经花费了大量人力物力资源,却未能产生出真正有质量的学术,反倒破坏了学术体系内部的良性生态,导致久治不愈的学术腐败,贻误了中国高等教育走上教育发展正确轨道的良机。60多年正反两方面的经验和教训证明这是对中华民族创造力的扼杀,每一个有责任感的人都不能容许这种状况再继续下去了。

行政权力和学术权力是大学内部治理结构的基本权力,它们在大学内部应有明确的边界和作用范围,人类大学发展的事实说明确定两者的边界并非有多复杂。在德国、法国、意大利等国奉行典型的学术权力为主,美国除一些巨型大学行政权力为主外,多数也实行学术权力为主。它们共同的特征是行政权力属于法定的权力,以效率化为行动准则;但它在学术权力基础上产生,并为执行学术权力所作出的决策服务,这样的行政权力才不会与学术逻辑相冲突。

然而,目前大学中行政权力与学术权力间的冲突频繁出现:以行政权力压制、要挟学术权力的现象不断发生;行政权力通过人事任免、财经支配破坏学术生态的现象屡见不鲜;以行政手段制造学术垃圾的情况和虚假科研成果的案例随处可见。出现这种现象的原因只有一个,就是大学的官僚化。与世界上通行大学校长由全体教授或董事会选出的规例不同,中国大学事实上成为行政体系的末梢,大学的行政权力来自外部的行政机构,超脱于大学主体之外,而非来自学人社团自身。

从根本上改善学术权力与行政权力的关系,就必须依据大学原本的属性将大学定位为专业社团,建立有效激励学术发展的现代大学制度,让学术权力回归学术,让学术权力回归到真正的学者手里,通过相关的法规保障其不受到任意侵蚀。

军队院校招生不应排斥职高

《中国人民解放军院校招生工作条例》2008年1月1日正式施行，它将有助于进一步完善与规范军队院校的招生以及学生的培养与管理。但认真研读后，在总体上感到比较完善的同时，也发现有一个不太合适的地方。

该条例第五章"招生对象基本条件"第十九条规定：军队院校招生对象必须具备的五个基本条件的第三个为"青年学生考生应当是普通中学应届高中毕业生，士兵考生应当具有高中毕业以上文化程度或者同等学力……"。这一条显然排除了职业高中毕业生直接报考军队院校的可能。这不仅对长期以来难以振兴的职业高中的发展不利，对军队院校本身的发展也未必有利。

众所周知，受文化传统和应试教育的影响，目前我国职业高中发展艰难，普职发展不均衡是长时间困扰教育发展的结构性问题。而职业高中发展如此艰难，与其毕业生出路不畅直接相关，该条例中的上述规定本意在于提高军队院校生源质量，但客观上必然造成对原本就比较狭窄的职业高中毕业生出路的挤压，增加职业高中吸引生源的难度。

这一规定对军队院校发展有诸多不利。首先，从属性上看，军队院校本身实施的就是一种高等职业教育，为何要排除职业高中毕业生直接报考呢？这说明其办学理念依然受传统观念束缚，从而可能引发军队院校发展定位不清的问题。

其次，军队院校更需要技能型人才，而非长于应试的书生。技能型人才成长发展的关键期绝大多数都在14岁之前，即在高中毕业之前。而目前的普通高中学生由于应试压力很大，多数错过了技能发展的关键期，即便他们未来经受训练后能在某一方面有一定才能，但不大可能成为该方面的杰出人才，而职业高中却能提供更有利于技能型人才成长的环境。

再者，这一规定将使军队院校生源成分发生变化。这点可从现在普通高中的生源情况推知，其变化的趋势是：城市生源增加，农村生源减少；家庭经济条件好的生源增加，来源于社会弱势家庭的生源减少；娇弱书生增多，刚毅耐劳者减少；性格顺从者增多，刚烈勇猛者减少。所以，只从普通高中招生，也将影响未来军队的战斗力。

PART 6

第六辑

教育的良性发展离不开多元评价

评价，要打破对分数的迷信

教育质量评价的转变，需要明确高考招生的基本目标，高考招生的改革目标就是依据学生为本原则，建立一个专业的、自主的、透明的、公正的高考招生制度。

所有对学生的评价不是为了把学生拿到天平上称一称，告诉他有多少斤。评价的目的是为了让学生更好地成长，能够独立思想，独立创造，成为创新人才。

长期以来，高考成为"指挥棒"，这就把位置搞错了。考试招生要与课程管理、教学等方面配合，作为人的成长发展过程中可信的参考和依据，然后共同服务人才成长，服务于国家发展的战略。

高考招生的改变不是一个浅层措施的改变，而是人性假定的变化，这一点很多人没有意识到。那么应该如何评价一个人和他的学业呢？无论方式方法发生什么样的变化，都必然与人性假定相关。

现有高考招生体制的基本假定是培养工具，而非有个性、有思想的人。这样一来，就导致我们教育上没有思想，没有思想的教育就像我们炒菜没放盐一样，即便你炒的是山珍海味，吃起来也没有味道。这样的教育不能有效地促进人的成长发展。

用单一的标准评价人，培养出的人往往是一种被动型人格的人。这种人往往是老师叫他干什么，他马上就去干了；家长叫他干什么，他也很快去干了。当老师和家长不叫他干什么的时候，他就无所事事，不知道该干什么。现实中这样的人已经很多，这是国家人力资源最大的浪费！花费不少，却培养了一些虚脱无力，没有精神，没有活力的人。久而久之，这些人进到社会当中就会形成社会的问题。

高考招生理想的境界就是谈恋爱。怎么谈恋爱？就是高校跟考生之间谈恋爱，相互之间多接触、多了解，然后甜蜜地恋爱——要让高校与考生之间充分地了解、自主判断、双向自主选择、自愿结合，这样才能更好地激发学生的内在潜能，使其获得更好的发展。

要形成这样一个平等关系：不同学生之间平等，不同高校之间平等，学生跟高校之间平等，整体上形成平等、尊重、和谐发展的生、校关系。要在评价中体现出学生和学校是这样的关系。这样才能优化评价，力求客观地反映学生情感、态度、价值观等方面的变化，减少被淘汰感，减少对学生自信心的伤害。

现有高考的评价过于单一，根源是主体只有一个，这样就不可能有一个系统的多样性的评价体系。一般的人才发展过程中唯一的评价标准就是分数，这样一来，导致教育很难改进。要通过主体多样逐渐建立一个多样性的评价体系，没有主体的多样，评价的多样实际上是一个空中楼阁，最终不可能实现。

每一个人都是与众不同的，与别人不一样的。这时候只有把每个人最大优势的方面发挥出来，才能够最大限度发挥对社会的作用。社会的发展也是需要多样性的人才的。这两个方面就跟锅和锅盖一样，虽然不相同，但终能互相吻合。实际上，真正要改变的就是让每个人走上自己的教育之路，而不是所有的人自觉地、被动地接受一个统一模式的教育。

要打破对分数的迷信。分数是一个参考，但不是唯一的依据。这里面就有一个基本原理：只有评价权限被进一步分散，才有可能打破分数的垄断，对分数的迷信，而不是说现在要统一地考试，统一地算分数，这实际上是评价权力进一步集中。相对于没有客观依据的推荐，看分数是进步；相对于全面的专业评价，仅看分数是肤浅、粗放、落后的。要让高考由官方的考试变为独立的第三方的专业测试。这个独立的第三方的权力是有限的，而不是无限的；是能够被有效监督的，也就是难以造假的。政府要从招生的主角当中退出来，让考生与高校成为真正的主角。

考试招生的改革是要重新界定人性，评价的最终依据是学生的天性，依据天性去评价学生,而不应依据行政当权者的主观臆断评价学生。高考招生制度改革,实际上是要调整政府与民众之间的利益关系,要更加尊重考生,更加尊重高校——在一定程度上就是政府要放权。功能上要淡化选拔,倡导发展性评价;方法上倡导质性、定性与定量相结合;主体上倡导自评与他评相结合,实现评价主体的多元化;指标上倡导综合素质评价,关注个体的差异,实现评价指标全面覆盖多元化。

建立多元自主的评价,有的人很难理解。多元就是多个标准,人的天性有多少种,就建多少种标准。当然,具体要建多少标准肯定是有限的,是有方向性的。因此,美国用了一个词叫性向测试。什么叫性向测试呢?就是测试你未来可能在哪个方向发展,你的天性会向哪个方向发展。自主,就是在多样的标准当中,每一个人依据自己的优势潜能,依据自己的天性去选择一个适合自己的标准。

让每个人自己的优势潜能充分发挥、充分发展,这样才能够建立人力资源大国、人力资源强国。这样的体系靠一个机构行不行呢?靠政府垄断行不行呢?政府包办行不行呢?肯定不行。靠计划模式行不行呢?肯定不行。最终改革方案不会出自哪一家,而是要靠专业团队体系,要靠多方协商,要多方面协调。多元准则就是基本准则的延伸。

中小学评价改进有两大任务:一个是要建立、健全小学教育质量综合评价体系,包括建立综合评价指标体系、健全评价标准、改进评价方式方法、科学运用评价结果;另外一个就是完善推进评价改革的保障机制。最关键的还是要立法,在立法的同时要建立协同机制推进课程教学、招生考试等相关改革,加强专业基础能力建设,保障评价经费的投入。

中小学评价方式的改变,一是要强调注重全面、客观地收集信息,根据数据和事实进行分析判断,将评价建立在大量数据支撑和科学分析的基础上,改变过去主要依靠经验进行评价的做法;二是强调注重考查学生进步的程度和学校努力的程度,现在叫"增值性评价",要改变过去单纯强调结果而忽视起点、不关注发展变化过程的做法;三是强调注重促进学校建立质量内控机制,从起点环节开始全程控制质量,改变过于依赖外部评价而忽视自我诊断。

高考招生制度好不好，评价的最终依据是能不能真正培养出人才，这是评价考试招生制度优劣最关键的衡量标准。

推进改革需要所有当事人的参与。现在，人们有一种误解，总认为招生制度改革一定要靠教育部，一定要靠国家出一个什么政策。从现有的体制来说，这样的想法是很正常的，但是仅仅靠教育部解决不了这个问题。

高考招生改革实际上要解决的是个系统问题。从社会观点来说，要由过去做人上人的观念转变为争取人人平等的观念。从每个人的角度来说，我们应该从小处着手，让改革逐渐积累；大处着眼，看远一点，不被眼前的利益绊住脚步，要将高考招生改革与学生的发展、教师的使命和国家的战略合而为一。要争取自己应该有的权利，学生、家长、教师要打破不应存在的垄断，争取全社会更好的发展机会。

建立多元自主分类的教育评价机制迫在眉睫

2015年《北京市教育委员会关于做好2015年高级中等学校考试招生工作的意见》要求中考各学科在命题上以"课程标准"为命题依据，进一步降低难度，侧重考查对学生终身发展有用的基础知识、基本技能、基本方法和基本观点，将初中毕业会考和高级中等学校招生考试分开进行。

而不少自主的招生试点高校要求学生在提交申请的时候具备"竞赛获奖"条件，没有学科特长就不能报考。公众由此担心，曾经被三番五次下禁令的奥林匹克竞赛等各种竞赛是否会再次回潮。

上述两方面的信息，让许多家长甚至业内人士感到有些无所适从。中考难度降低的主要影响是高分段学生的区分度下降，一些家长和高中学校失去了可以作为参照的依据。而高校自主招生要求看竞赛成绩，则主要是由于在当下教育评价整体过于单一滞后的情况下，需要找一些"铁证"证明自己所招的学生是有据可依的，是公平合理的。

回首过去几年中考、高考的发展历程，考试的难度实际上是被招生竞争推高的，义务教育要不要这么高的难度本身就是一个问题。中考难度被推高的原因在于，只有一种加总分的单一评价机制。而每个学生各自的优势潜能和特长不同程度地被忽视，由于没有相应的评价，也就没有得到适当、有效的培养。

要彻底打破这一僵局，靠"禁令"已经证明只会循环反复，出路只能是建立切实可行、专业可靠而又被公众认可的多元自主分类评价机制。这就需要释放出空间，研究制定对学生的专业评价，下大力气做好学生专业评价的建设和改进工作，而不能靠全社会的口诛笔伐，或简单的行政指令。

实施多元自主分类评价的一个前提是，政府要明确界定义务教育的要求和边界。现在仅有义务教育的课程标准，没有评价标准。这就导致原本应该作为一种基本要求的义务教育，被裹挟进竞争的旋涡，正在接受义务教育的学生被以接受义务教育的名义绑上了应试的战车。

另一方面，接受义务教育的适龄儿童正处在各种特殊才能成长和发展的关键期，而这些特殊才能中有一些不属于义务教育的范围。很多义务教育学校受师资及相关条件限制，可能会贻误一些孩子特殊才能的成长发展。这使得在义务教育阶段，进一步明确义务与非义务的边界显得十分必要。

在明确了义务教育的边界后，只要能达到义务教育的底线要求，学生不感兴趣的内容就可以少学，腾出时间和精力去学自己感兴趣的内容。每个学生依据自己的天赋发展，在此基础上发展好与教学相伴随的多元自主的分类专业评价，依据学生的成长发展需求设计教学方案，最终总体上成才的概率才会提高。

实施综合素质评价是评价实践和理论的提升

中考改革要改变唯分数的状况，让综合素质评价发挥作用，是各方面多年的期待。教育部新颁发的中考改革意见，把综合素质评价纳入招生录取环节，明晰了中考改革的方向、理念和目标。

相对于仅看分数的评价，实施综合素质评价是在理论和实践上的一次提升。实现这种提升不取决于有提升的主观意愿，而是需要规范的、切实可行的可操作性评价行为作为支撑，其中最为关键也最为困难的就是，对千差万别的学生进行写实性评价。

把写实运用于评价，是一种新的理念和评价方式。用好写实的前提是更新评价理念，适应新的评价模式。作为综合评价的写实，它的定位与考分有所不同，它的关注点在于对分数评价难以显示的学生综合素质特征加以客观描述，要求写实材料的遴选和使用者，对学生综合素质的全面整体状况有完整、深刻的理解，并能把握轻重和各部分关联性特征，使写实符合真实性描述，又是可以对不同学生作横向比较的依据。

写实的生命在于真实性，写实的描述并不简单等同于"所见即所写"或"所写即所见"的真实，应该是基于对学生综合素质的实质和总体性、差别性的深刻认识的基础上所作出的判断。要防止表面掩盖本质、个别替代整体、一般性特征描述混杂于学生个性化的特征描写、瞬时性的表现等同于惯常的行为，应使评价的行为堆砌于本真的表现之上。

在综合素质评价中首先就要防止系统性的不写实的状况出现。这种状况有两种方式。一是评价方主观的不写实，抬高自己所评价的学生。由于评价方和被评价方常常是师生或其他相关当事人关系，结果多少与评价方自身的利益与业绩相关,这种主观性很难排除。二是由于规则不明,技术不熟练导致客观的不写实情况出现。可能出现几个具体的表述相同的个案,但各自所写的事实是有差别的。

所以,要落实好写实,必须在同一区域综合素质评价中确立相同的规则、相同的标准、相同的参照系,尽可能消除写实过程中出现的系统误差。比如,在一个规范的评价表述中,需要对个体的整体综合素质作客观、真实、简明的表述,然后再对他与其他同学相比有明显优点或特殊之处作客观描述,既不要在细节上过度堆砌,也不应丢掉整体性的关键表述。

在具体的写实过程中,要区分所记内容是一般性的行为还是某个学生特征性的行为。要让所呈现的写实资料尽可能体现学生全貌或原貌的真实性,尽可能消除为评价或升学而写实对写实的真实性影响。在相关当事人专业性、原则性不够的情况下,这不仅难以消除还可能迅速蔓延,最终导致学生综合素质评价缺位,需要加以重点防范。其有效措施是适度引入第三方评价,由第三方专业人员,对学生的写实进行指导筛选。以理性的态度去写实,确保写实的内容有实证依据,与个体的内心真实,存在客观一致性。

确保写实的真实性依然不能仅仅靠主观严肃性,还要靠机制。这个机制就是高中学校的专业招生团队,对初中学校所提供的学生写实材料的真实性、准确性进行甄别,高中学校根据学校办学特色和对所招学生的要求确定如何使用这些写实材料,给这些写实材料赋予多高的权重。同时建立起相应的公示和审核程序。

多方评价增强"特级"教师信度

2012年年底，山东省制定了新的特级教师评选管理办法，对特级教师的管理制度较先前有所调整，特级教师考核收归省管，考核期限放宽、标准收紧。同时，师德不合格者将严格执行一票否决，撤销特级教师称号。

按照山东省新的特级教师评选管理办法，进行"有偿补习"或考核不合格的特级教师将被撤销称号。在我看来，这一措施无疑是针对近年来特级教师称号静悄悄地变味而采取的完善对策。

然而，这一方案能否切实生效，依然不能打包票。

回顾特级教师产生的历史便可发现，这是一个在拨乱反正的特定年代，为解决社会对教师的歧视、教师地位过低问题而采取的补救措施。教育部在批准北京景山学校马淑珍、郑俊选、方碧辉三位小学教师为特级教师之后，一些省、市参照此例，授予一批中小学教师以特级教师、"模范班主任"以及"优秀教师"等荣誉称号。1978年12月17日，经国务院批准，教育部、国家计委联合颁发试行《关于评选特级教师的暂行规定》，要求各省、市、自治区于1979年召开全国教育大会前完成第一次评选工作。至1982年1月，绝大多数省、市、自治区进行了评选工作，共评选出特级教师1113名。

特定条件下形成的特级教师评选制度，带有明显的以行政部门为主导的特征，忽视了专业的同行评价，缺乏公众认同与学生认可。这一特征彰显了制度设计对社会认知的不完整性，在市场经济和开放社会中，给一些善于投机钻营的人留下了空间。同时，在实践中，一些特级教师的称号还成为了众多学校不惜全力投入奔走争抢的"门面"，成为了教师抬高身价获取更大利益的砝码。于是，产生了一些不受普通教师欢迎的特级教师、一些不再用心教学的特级教师、一些与学生心理距离越来越远的特级教师。

　　特级教师异化给教育带来的杀伤力是巨大的。它以一种现实中鲜活的例证颠覆了教育的价值取向，动摇了教育工作的根基，严重损伤了普通教师从事教学工作的积极性，误导了学校的工作目标，形成了草根、原生态教育工作之外的一股强大离心力。这样的特级教师评选，还不如不评。

　　有关部门有必要对特级教师的内涵作出更为明晰的界定。从外部看，特级教师作为教师群体中的最高荣誉者，不应仅是政府部门眼中的好教师，不能成为权势或金钱的工具。以办人民满意教育的标准来衡量，他们更应该是民众眼中的好教师，经得起专业范围内专家的评定，能获得同行和学生的认同。从内部人格看，他们应是真善美在学校中的鲜活体现。

堵住评价中的"腐败通道"是关键

2008年，一些媒体就是否停止在中国中小学已经实行数十年的"三好学生"评选制度展开争论。从网上的评议看，几乎百分之九十的人主张停止，仅有不到百分之十的人主张保留或改进。然而，一些地方教育主管部门仍然表示要评"三好学生"。

主张停止的主要理由是："三好"事实上变为只看重学习成绩的"一好"；评"三好"将学生人为分等次，存在不公平；由于"三好学生"在中考、高考时加分，权力黑手插入，在利益驱动下出现"评选腐败"；"三好"评选过程已经严重伤害绝大多数学生的成长发展。

应该说上述事实确实存在。问题在于，停止了"三好学生"的评选，社会上客观存在的权力和利益驱动就不会通过其他方式和渠道掺和教育评价了吗？这是完全不可能的一厢情愿。因此这一问题的关键在于如何堵死教育教学评价中的"腐败通道"，使评价本身更加客观、公平、公正、科学。

评价的依据要尽可能客观。要坚决取消那些模棱两可、可以随意变更或有太多空子可钻的内容，还要剔除那些不同学生之间不存在可比性的因素，要选择那些无法作假又确实与学生的主观努力相关的因素作为评价依据。

评选机制和程序要公正、公平。要加强对权力的监督和制衡，使参与评价的每一个人不能随意弄权，建立起贯穿评价过程每一个环节的周密、到位、透明、有效的公众监督机制，排除没有参与教育教学职业工作的行政权力部门和个人参与教育教学评价。

评价结果的使用必须得当。将评选"三好"与各种考试加分挂钩是对评价结果的极其不恰当的使用，完全应该取消。如果说"三好"本身就是一种激励，何须再加分呢？再加分则使得被选者获得超出其理应获得的高回报，必然扭曲原生态的"三好"评选过程。

评价还应该是科学的，有利于学生成长发展的。"三好"评选在理论假定上存在致命问题，它假定所有学生可以同样的标准来评价。而事实上每个学生都有其不同的缺点，也都有其不同的优势或优点。由此想到美国使用的学生性向测量，它以客观的评定说明某一个学生在某一方面的状态，可作为激励学生向某一方向发展的依据，也可作为评价选拔的参考。数十年来评选"三好"的实践也说明这一评价方式存在局限性，容易误导学生、家长与教师，造成机械按照"三好"模式去教育孩子，忽略个性发展和潜能激发，使不少天才被塑造为庸才。

综上所述，采取有效措施消除教育教学评价中的"腐败"，同时探索寻求更加科学、客观、公平、公正、有利于绝大多数学生个性化成长的教育评价方式，逐渐放弃在理论和实践中存在严重问题而被异化的"三好"评选，未必不是良策。

"工士"含金量社会来评价

湖北职业技术学院为优秀毕业生授予"工士"称号，引发社会的关注，甚至一些人想当然地就下判断："工士"是为高等职业院校高职高专层次的学生授予的荣誉，相当于本科副学士学位。这样的判断显然缺乏依据。

在高职院校内部，对学业优秀的学生进行表彰激励存在客观需要，因此需要一种激励的形式，"工士"可作为这类形式的一种。事实上，在2008年，安徽休宁的德胜-鲁班木工学校学生就被授予"匠士学位"，云南交通技师学院沿用了这一做法。这类做法在学校范围内实施不仅可行，还应该更加多样化。

但是必须明确，"工士"不可能是学位，主要原因在于学位是一个体系，现有的三级学位体系是世界各国学术界长期探索稳定下来的一个比较完善的体系，曾经在一些国家设置过的"副博士"学位，后来还是由于定位不明难以被公认或通行。

确定或改变一个学位体系的主体是法定的学术组织，而不是一两所高校。一些院校所进行的改革探索，若确实有价值，也需要经过相应的专业和立法程序才有可能成为学位体系的一个组成部分。那种认为要在学术教育之外另设一套职业教育的学位体系的看法更缺乏学理依据，也无法建起职业教育与社会的"立交桥"。没有经过程序之前就称其为一级学位，显然是不严谨的。

"工士"这样的称谓或许在局部或短期内可提高高职学生学习的积极性和主动性，增添其对职教专业与技能的成就感、自豪感和归属感，但却会在整体上或较长期间里造成混乱，严重的则会构成欺诈。

由此看来，各校在自己的范围内，以"工士""匠士"等名义对学业比较优秀的学生进行激励，不仅无可厚非，还应积极鼓励发展更多的形式。但这一做法与学位没有什么关系，也不应任意在它们后面加上"学位"二字。若某校的这类证书获得社会认可，它的含金量自然能获得提升，若仅仅为了学生好就业滥发证书，影响的则是学校的声誉。

校长容纳监督才能"大"起来

2014年,厦门大学副教授谢灵指责该校校长就餐享"特权"的公开信在网上走红。该事件引来众多"围观",本身说明"特权"现象不同程度存在,众多人都"心有戚戚焉",想借这件事把内心积郁释放出来,因而也推动了事件广泛传播。

回到这场论战个案,双方各执一词,我相信,事实将会越辩越明。跳出这一具体事件,联想到我到学校调查时经常遇到的一种现象:若进校后先见到校长,和校长交谈一段后再找老师谈,不少老师会选择沉默;若是先见到老师,和老师谈过一点时间后,再去见校长,校长就会很冷淡。

这两件事背后共同而又比较普遍的事实是:当下在一些学校,教师和校长的关系存在隔阂,沟通不畅。

分析起来还是与当下的校长遴选和管理体制相关。由于校长及校内的相关权位的人员主要是行政任命,就导致教师对校长的监督缺乏正常的通道,本应有的知情权、建议权、监督权被架空,因而在校长和教师之间产生隔阂。时间一长,校长一方就会滋生官本位和特权观念,教师一方就会积聚太多的怨气,沟通就变得越来越困难。

举例而言,在个别学校,教师给校长写信长期不见回复,给校长发邮件都发不进去;教师给校长打电话不接,发短信不回;老师对话校长需抽签,多次报名的老师都抽不到签;而校长不直接找教师,而是找纪委、找院长。这些都说明校长与教师之间的正常沟通不畅,导致很多问题被迫用家丑外扬的方式才能引起重视,才能得到解决。

也正是这样一种体制,导致学校内一般的人不太可能跟校长有交往。校长们在教师心中的印象就是高高在上，对教师反映的问题要么不予理睬，要么慢半拍，这样某些校长的问题就会成为一所大学的问题。

其实，任何一个单位的健全发展都离不开有效监督，大学也是如此。从这个意义上讲，建立了有效监督机制的大学才能"大"起来，能够容纳包括教师在内的各方面监督的校长也才能"大"起来，校长需要心胸去包容他人的良心和正直，需要透明去消除误解和质疑。现实中不少人做不到这点，既可能是个人素养不足，也与大学管理的体制机制过度行政化相关。

"取消共建生"新政需引入社会监督

2014年,北京市公布了义务教育阶段入学政策,明确强调,"小升初"将取消共建生。此事引起各方关注。

我发现,各方声音主要集中在两点上:一是这一主要由教育行政部门制定的政策能否经得起社会各方面的挤压和撕扯?二是新政策事实上将原来掌控在中小学校长手中的选择学生权上交到区县教委手中,集中的权力会不会演变为集中的腐败?如果这样,那么按钱择校的路子或许难以走通,按权择校的路子仍能畅行。

对于社会上的这些关切,我认为,一个有效的解决办法是引入社会多方监督机制,并设置科学的监督程序,让与入学相关的各项决策及其过程处于公开透明的监督之下,真正"把权力关进制度的笼子",才能保证这项政策落实到位,并具有可持续性。

对于这种监督必须明确其性质和定位。由于义务教育属于公共产品,它的所有者属于公民,政府仅是这一产品的管理者和分配者,在对它进行分配和使用时,所有人应有权进行监督。监督本身是行政工作人员必须无条件接受的公共产品分配过程的组成部分,是居民应有的基本权利。

监督本身就是多方制衡机制,这一机制运用的过程中会有矛盾,但不能因为怕矛盾而不用或尽可能少用监督,回避或抵制监督。当下各地出现的"离婚择校"、学区房价离奇高涨、潜规则盛行、托关系走后门等各种乱象的根源就在于民众没有监督权利。在缺少或没有监督时,各利益方之间的关系就不可能平衡,不平衡就不会长久,不平衡的政策必然为压力所破。

由此可见,选择接受监督就是选择了平衡,选择了持久;拒绝监督就是选择了短期行为，选择了不可持续。

就社会高度关注的取消共建生问题，很多行业内人士相信，这次政策确实能在一定范围内抑制共建择校的扩展，但压缩了多少，还有多少，或是那些原本就居住在优质学校附近需要"共建"的学生，现在有多少不需要"共建"也能以就近的方式入学，到什么时间这些问题才能完全解决，这些都应该向当地居民说个明白，或以规范的方式公开接受公众监督。

教育主管部门的入学和升学管理也需要引入专业、规范的相关当事方的监督。比如学区、划片是否合理，是否有意向某些权力部门或个人倾斜？是否存在有可能更加有效地促进公平、均衡的划分方式和方法的时候故意不采用？计划与审批的决策程序是否民主、健全？

还需要监督的是，在实施这项新政策的同时，政府是否有可行的方案和措施继续推进区域间教育不均衡问题的解决？由于入学政策只是促进均衡的措施之一，如果没有资源配置、师资流动等方面的配合，强力推行就近入学就是在延缓均衡发展的进程，就依然会出现校际或区域间的差距进一步扩大的可能。

另一个需要监督的领域，是非京籍子女就近入学的政策：是否遵循了《义务教育法》和流入地为主的原则，体现出公平、公正？是否在设置门槛的同时体现最大限度的人性关怀？是否在学位紧张度不同的地区采取相对灵活的政策而非"一刀切"？

健全、有效的监督不能仅靠行政部门，上级监督下级仅仅是一方面，在现有体制下，更需要引入社会监督机制，比如组成独立的第三方专业监督、人大、政协、家长委员会、社区监督小组。在监督机制一时难以全面建立的情况下，首先要建立对政府工作人员子女入学的监督，建立对优质资源学校入学的监督，建立对热点人群子女入学的监督。

北京的新政利用信息化手段规范入学流程，信息化为监督提供了更为便利的条件，监督的过程和手段就需要充分利用好信息技术，减少监督过程中的人为因素，有效地使监督为保证公平、公正服务。

普通民众得以有效行使监督权，便会心服口服，违反规则的可能性就会大大降低，择校困局便能不攻自破。

后记
POSTSCRIPT

"教育评辨"系列是一个"怀孕"时间超长的产儿,从所收文章看,前后写了10来年。从对这些问题的调查以及思考来看,则有30多年了。

这个系列之所以能生成,首先感谢那些不断盯着我要稿子的各个媒体记者和编辑,他们常是问题的提出者,也是文稿的加工者。据不完全的回忆,他们是《光明日报》的罗容海,《中国教育报》的翟博、周飞、张显峰和杨国营等,《人民日报》的杜飞进、赵阿娜等,搜狐财经的汪华峰,《法制晚报》的林定忠,《北京青年报》的姬源、熊颖琪,《东方早报》的李旭,《新京报》的王磊等,还有《环球时报》《中国教师报》以及一些期刊的编辑,或有疏漏,请海涵。

这个系列得以出版,华东师范大学出版社大夏书系给予了大力支持,编辑卢风保做了大量细致的搜索、筛选、编辑工作;由于本人2016年眼睛先后做了4次手术,恢复缓慢,爱人胡翠红帮助做了大量工作,一并致以诚挚感谢!

书中定有不足、不妥之处,欢迎读者批评指正,请将指正意见发我邮箱:chu.zhaohui@163.com。万分感谢!

储朝晖
2017 于北京